Etleva Shemai
mit Luisa Willmann

Auf Entdeckungstour
Nice to meet you, Albanien!
ins Herz des Landes

POLYGLOTT

Inhalt

Willkommen in Albanien   4

Meine Lieblingsorte in Albanien   6

❶ HAUPTSTADT TIRANA   8
Ein Open-Air-Museum, Sinnesspektakel in der Tirana Oper, die kommunistische Zeit und meine Geschichte im ehemaligen »europäischen Nordkorea«.

TIPPS: Essen & Trinken, Highlights aus Kunst & Kultur und mehr   37

❷ DIE KÜNSTLERSTADT KORÇA   42
Wiedersehen mit Freunden, Bio-Bier direkt aus dem Braukessel und warum der 7. März der »Tag der Lehrerinnen und Lehrer« ist.

TIPPS: Essen & Trinken, Unterkünfte, Kultur und Ausflüge   54

❸ DIE RUINENSTÄTTEN: ZEUGEN DER VERGANGENHEIT   58
Statuen-Kunde, eine Stadt, die dreimal gebaut wurde (davon einmal 30 Meter unter der Erde), und ein Weingut mit Toskana-Feeling.

TIPPS: Essen & Trinken und weitere archäologische Highlights
Apollonia   66
Durrës   71
Butrint   78

❹ URSPRÜNGLICHE STÄDTE: BERAT, ELBASAN UND GJIROKASTRA   80
Gestapelte Fenster und silberne Steine, ein Hamam im Café, maximaler Fußball-Enthusiasmus und eine musikalische Überraschung.

TIPPS: Essen & Trinken, Ausflüge und mehr
Berat   93
Elbasan   98
Gjirokastra   103

❺ STRANDPARADIESE QUER DURCHS LAND   104
Die weißesten Strände des Balkans, die schönsten Inseln der Welt, der älteste See Europas und die humorvollsten Menschen Albaniens.

TIPPS: Essen & Trinken, Ideen für Aktive und mehr
Der Norden   118
Der Osten   125
Der Süden   136

❻ BERGWELTEN: VALBONA UND THETHI   138
Wanderung in den verwunschenen Bergen, nachhaltiger Tourismus und Müllprobleme und eine deutsche Hotelbetreiberin, die in Albanien ihr Glück gefunden hat.

TIPPS: Unterkünfte, Wanderrouten und mehr
Valbona   149
Thethi   156

Auf der Fahrt von Kukës ins Valbonatal sieht man schon von Weitem die schneebedeckten Berge.

❼ NATURWUNDER: PËRMET UND DER NATIONALPARK DIVJAKA-KARAVASTA 158

Öko-Urlaub in der »grünen Lunge« des Balkans, Europas letzter wilder Fluss, Musik und Poesie aus Përmet und zum Mittagessen Fisch.

TIPPS: Essen & Trinken, Übernachten und Ausflüge
Nationalpark Divjaka-Karavasta 169
Përmet 178

UND NOCH MEHR ALBANIEN 180
Geschichte 182
Albanien von A–Z 184
Register 188
Bildnachweis 189
Danksagung 190
Impressum 191

MEIN LIEBLINGSREZEPT: FLEISCH-KARTOFFEL-FRIKADELLEN 192

Das Herz singt

Vorwort von Etleva Shemai

In Albanien entsteht alle drei Kilometer ein neues Landschaftsbild, wo eben noch Felder waren, sind dann Hügel und Berge. Kaum jemand kennt mein Heimatland, in dem man 50 Jahre nur mit Sondergenehmigung das Recht hatte, es zu verlassen oder hineinzukommen. Ende der 80er-Jahre konnte ich meinen Vater nur heimlich treffen, da er als Intellektueller während der kommunistischen Diktatur beobachtet wurde und wir uns nicht sehen durften.

Ich bin hier geboren und aufgewachsen. Seit 25 Jahren lebe ich in Deutschland, den USA und Spanien. Nur meine Ferien verbringe ich noch in Albanien – die Sehnsucht nach meiner Heimat wächst. Für mich ist dieses Buch eine Reise in die Vergangenheit, Gegenwart und Zukunft von mir und meinem Land. Ich zeige Ihnen meine Lieblingsorte – zum Beispiel die weißen Strände von Ksamil im Süden. Wir werden Orte entdecken, die für mich neu sind, wie die abgelegenen Bergregionen im Norden. Früher fehlte für solche Ausflüge die Infrastruktur. Diese ist inzwischen ausgebaut und der Zeitpunkt für eine Reise ins noch unberührte Albanien perfekt.

»Gezuar!« – Prost auf unser gemeinsames Buch!

Albanien steht für religiöse Harmonie, für Tradition und Innovation, für Freiluftmuseen. Ich bin zusammen mit Luisa unterwegs, einer talentierten Journalistin aus Deutschland. Ihre Disziplin und ihr offenes Interesse für Details, die für mich selbstverständlich sind, haben mich gepackt. Ich bin beeindruckt, wie sie aus all unseren Materialien dieses Buch gemeistert hat, in dem ich mich sehr gut wiederfinde.

Ich nenne unser Buch: »Das Herz singt.«

Nice to meet you, Albanien!

Vorwort von Luisa Willmann
In Costa Rica erreicht mich eine Nachricht von POLYGLOTT, ob ich Lust auf ein spannendes Projekt in Albanien hätte. Ich telefoniere mit der international bekannten Opernsängerin Etleva Shemai, spüre ihre Motivation und fliege eine Woche später nach Tirana.

Ein Highlight während meiner Reise: Berat, die Stadt der tausend Fenster. Dort lernen wir einen Künstler kennen, Etleva singt spontan, wir trinken Raki zu gegrilltem Gemüse und spazieren nachts durch die beleuchtete Burganlage. Mich hat die Vielseitigkeit Albaniens gepackt. Auf einer Fläche kleiner als Brandenburg gibt es exklusive Bars, Weingüter, Küstenlagunen, riesige Seen und abgeschiedene Täler zwischen Zweitausendern. In Tiranas Kneipenmeile Kalaja Toptani tummeln sich schick gekleidete Menschen und jeder Tag wirkt wie Wochenende. Albanien riecht für mich nach Pinienwald, Basilikum und frisch gebackenem Börek.

Bewegt hat mich die Geschichte des Landes und was diese für Etleva bedeutet. Seit dem Ende des Kommunismus 1991 hat sich Albanien rasant entwickelt. Moderne Bauten stehen neben traditionellen Häusern, Bunkern und Gebäudeblöcken des Kommunismus. Stickereien und Volksmusik neben Elektroclubs und Kunstgalerien. Korruption, Müll und Armut fordern die junge Demokratie, doch genauso setzen sich immer mehr Menschen für ihre Rechte, die Umwelt und nachhaltigen Tourismus ein.

Wir sprechen mit Bürgermeistern, Museumsdirektorinnen und einer Opernintendantin. Es ist eine intensive Recherche, geprägt von der Offenheit, dem Engagement und der intellektuellen Tiefe von Etleva. Es ist Teamarbeit, es ist unser Buch. Was für mich Albanien ausmacht: spontane Begegnungen mit Menschen wie einem vermeintlichen Astronauten, ihre Geschichten, ihr Humor und ihre Gastfreundschaft. An unserem letzten Abend gehen wir in die Oper und ich trage ein schwarzes Spitzenkleid von Etleva.

Von alldem wollen wir erzählen!

Links: Auf dem Aussichtsturm im Karavasta-Nationalpark
Unten: Bücherregal-Graffito in Tirana

Toskana-Feeling auf dem Weingut Albanica

Boote am Strand des Ohridsees in Pogradec

Bunte Häuser und Street-Art prägen das Straßenbild der albanischen Hauptstadt – quasi ein Gegenentwurf zur Tristesse der früheren kommunistischen Herrschaft.

1
Hauptstadt Tirana

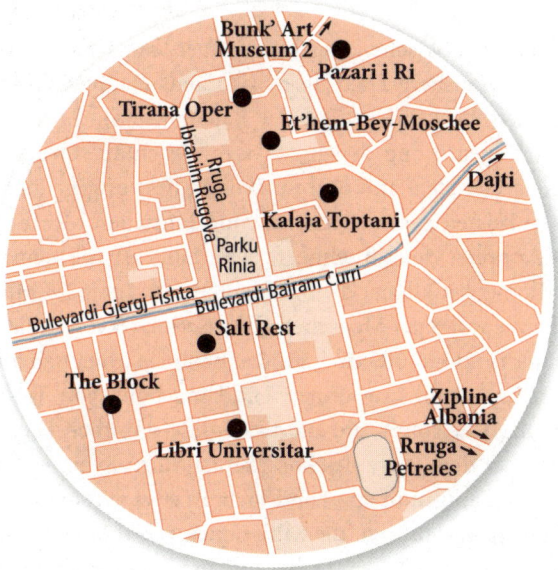

Ein Open-Air-Museum, Sinnesspektakel
in der Tirana Oper, die kommunistische Zeit
und meine Geschichte im ehemaligen
»europäischen Nordkorea«.

Die rasant wachsende Hauptstadt Tirana: Ein Orientierungsversuch

Tiranas Entwicklung von der kommunistischen Stadt zur Kulturmetropole mit Radwegen und Parks verlief schnell. Die Stadt ist bekannt für ihre bunten Häuser, Street-Art und elegant gekleideten Menschen. An Traditionen wird festgehalten: Beinahe jede Familie stellt ihr eigenes Feigenkompott her – und verrät das Rezept gern.

In Mittelalbanien, zwischen hügeliger grüner Landschaft und dem 1613 Meter hohen Hausberg Dajti, liegt Albaniens Hauptstadt Tirana. Das südosteuropäische Land ist Teil der Balkaninsel und grenzt im Norden an Montenegro und den Kosovo, im Osten an Nordmazedonien, im Süden an Griechenland und im Westen liegt es gegenüber von Italien an den Küsten des Adriatischen und Ionischen Meeres. Albanien ist somit Anrainer des Mittelmeers. Das Land ist mit beinahe 29 000 Quadratkilometern kleiner als Brandenburg und mit 2,8 Millionen leben in Albanien weniger Menschen als in Berlin. Davon entfallen auf die Stadt Tirana rund 600 000 und auf das Ballungsgebiet beinahe 900 000 Einwohnerinnen und Einwohner. Die Umgebung von Tirana ist seit der Altsteinzeit bewohnt, die ältesten Funde stammen bereits aus der Römerzeit. Seit dem Sturz des kommunistischen Regimes hat sich die Einwohnerzahl aufgrund von Landflucht in etwa verdoppelt.

Es würde zu weit führen, die zahlreichen verschiedenen Stadtviertel Tiranas einzeln vorzustellen. Daher möchte ich Ihnen die Orte zeigen, die Tirana ausmachen. Dieses Kapitel wird eine Reise durch Kunst, Kultur und Politik, die in Tirana vielleicht wie in keiner anderen Hauptstadt zusammenhängen.

Tirana ist ein Open-Air-Museum mit Street-Art

Wir beginnen den Spaziergang bei den Häusern, deren bunte Fassadengestaltung der jetzige Ministerpräsident und Künstler Edi Rama initiier-

Albanische und ausländische Künstlerinnen und Künstler haben an Tiranas Hauswänden mit ihren Wandmalereien schöne Spuren hinterlassen.

te. Er war zuvor zehn Jahre Bürgermeister von Tirana und bekam für dieses Projekt weltweit Beachtung.

Damals gab es in Tirana wenige balkanisch traditionelle Häuser, viele Plattenbauten und illegale Siedlungen. Edi Rama wollte der Tristesse dieser kommunistischen Plattenbauten und unverputzten Häuser entgegenwirken. Sein Projekt: Die Häuser Tiranas bunt streichen, um den Menschen wieder Hoffnung zu geben. Jetzt leuchten die Häuser orange, rot, grün, blau, gelb, oft bunt durchei-

HOW TO BECOME AN ALBANIAN

Auf Albanisch heißt »Straße« abhängig vom Kontext »rruga« oder »rrugë«. Auch, wenn Albanerinnen und Albaner den Straßennamen und die Hausnummer einer bestimmten Adresse wissen, beschreiben sie einem den Weg gern. Dann heißt es »Bei der Apotheke rechts abbiegen, dann bei der Schule vorbei, weiter geradeaus ...«

nander, manchmal mit Mustern oder einzelnen Strichen. Die bunten Häuser stehen als sichtbares Symbol für Veränderung, im Gegensatz zu den Herausforderungen, die nur schrittweise angegangen werden, wie Geldmangel, Überlastung der Infrastruktur oder des Stromnetzes. Aus Architektur- und Stadtplanerkreisen wurde Edi Rama dafür gefeiert, andere warfen ihm einen selbstverliebten autoritären Führungsstil vor.

Wer schon von den bunten Häusern Tiranas gehört hat, stellt sich eventuell eine ganze bunte Stadt vor. So ist es aber nicht. Doch wer die Augen offenhält, wird einige bunte Häuser entdecken. Am Markt Pazari I Ri sind die Häuserfassaden rot, gelb, weiß und schwarz mit Dreiecksmustern. Der Marktverkäufer Kadeif, der gegenüber von ihnen seinen Stand hat, erklärt: »Die Häuser charakterisieren die Albaner und haben die gleichen Motive und Farben wie ihre Teppiche.« Eines der bekanntesten Häuser steht in der Rruga E Kavajës stadtauswärts kurz nach dem Fluss Lana. Es ist von Weitem erkennbar und dient auch zur Orientierung. »Wo treffen wir uns für den *giro*?« – »Am Haus mit den Pfeilen.«

Edi Rama ließ nicht nur Häuser bemalen, sondern auch viele illegale Bauten abreißen. Durch die Stadt führt der Fluss Lana. Früher waren die Ufer verschmutzt und der Fluss mit illegalen Kiosks verbaut, die nach dem Ende des Kommunismus entstanden sind. Jetzt säumen Bäume rechts und links den Fluss und die angrenzende Straße. »So leicht war es nicht für die Menschen, die sich von heute auf morgen etwas anderes suchen mussten«, erinnert sich unser Fahrer David, als wir die

Kadeif bietet sein frisches Obst auf dem Markt Pazari I Ri an.

Lana entlangfahren. David wird uns während dieser Recherche öfter begleiten. Früher arbeitete er für das Militär. Für uns ist er ausnahmsweise »Fahrer«, denn eigentlich ist er in Rente. David hat einen warmen Blick, weißes Haar und erzählt poetische Witze.

In Tirana gibt es beeindruckende Graffiti. Zum Beispiel das an der Kreuzung der Rruga E Barrikadave und Rruga Urani Pano. Ein Bücherregal zieht sich an einem Häuserblock hoch. Darauf sind Bilder der albanischen Schriftsteller Ismail Kadare und Dritëro Agolli, der mir besonders gefällt. Obwohl die beiden Konkurrenten sind, liegt ein Buch des jeweils anderen in ihren Fächern. Soweit ich es erkennen kann, sind alle abgebildeten Schriftsteller aus Albanien, nur oben Franz Kafka aus Tschechien. Wenige Meter weiter auf der anderen Seite der Kreuzung in der Rruga Luigj Gurakuqi ist ein Graffito mit einer blauen Wäscheklammer, die Haut zusammendrückt, darunter steht auf Albanisch »Die Welt ändert sich sehr schnell, aber einige Sachen werden sich nie ändern.«

Neben Graffiti und bunten Häusern gibt es in Tirana viele Kunstläden, Galerien und Personen, die Kunsthandwerk auf der Straße verkaufen. Manche sind an viel befahrenen Straßen zwischen Schuh- und Börek-Läden. Oder beispielsweise auch im Stadtviertel Kalaja Toptani innerhalb der ehemaligen Festungsmauern der Burg von Tirana. Hier entdecken Luisa und ich die Ausstellung von Adnand Deda. Seine Bilder wirken lebendig und zeigen Momente aus dem albanischen Leben: Brautpaar, Gitarrenspieler, eine ältere Dame vor einem Brunnen. »Warum wirken deine Bilder so lebendig?«, fragen wir ihn. »Es ist Kunst«,

>
> **HOW TO BECOME AN ALBANIAN**
>
> Auf Albanisch heißt »Spaziergang« »giro«, genau wie im Italienischen. Spazieren ist typisch albanisch (auch schon vor der Corona-Pandemie) und wichtig in der Kultur, Menschen treffen sich beispielsweise zum Verdauungsspaziergang. Achten Sie bei Ihrem Spaziergang auf ältere Herren, die Domino spielen. Typisch albanisch heißt auch, im Moment leben und gelassen sein. Viele von den Herren sind in Rente und treffen sich täglich.

Innerhalb der ehemaligen Burgmauern von Tirana stellt der Künstler Adnand Deda seine Werke aus.

sagt er und erzählt kurz von seinem Kunststudium und dann: »Viele haben es vernachlässigt, die Zivilisation ist abgestumpft und hat kein Interesse an Kunst. Es gibt keine größere Beleidigung, als wenn jemand nur vorbeigeht, fotografiert und nichts sieht. Denn das Auge nimmt auf und nicht das Telefon.«

Wenige Gehminuten entfernt sehen wir am Straßenrand eine alte Dame angelehnt an einer Backsteinmauer sitzen. Vor ihr steht ein Karton mit selbst gestrickten Haussocken. Sie trägt ein weißes Kopftuch, sonst ist sie schwarz gekleidet. In ihren Händen hält sie Wolle und Stricknadeln. Ihr Blick ist warm. Seit zwei Tagen sitze sie schon hier, ihr Rücken schmerze, fünf Euro bekäme sie pro Haussocke, für die sie zwei Tage brauche. Zum Schluss verrät sie uns ihren Namen: Vera.

In den letzten Jahren hat sich das Stadtbild von Tirana weiter verändert. Es entstanden Neubauten, Alleen, Schulen, Radwege, Parks und auch Kontraste: Neben Plattenbauten stehen moderne Hochhäuser, italienische Türme neben neuen Moscheen.

Apropos Radwege und Veränderungen

Wir wollen wissen, wie die weitere Entwicklung Tiranas aussehen soll. Dafür besuchen wir Bürgermeister Erion Veliaj in seinem Büro im Rathaus am Skanderbeg-Platz, das völlig anders ist, als man es von einem Bürgermeister erwarten würde. Erion Veliaj ist Mitglied der sozialistischen Partei Albaniens und seit Sommer 2015 Bürgermeister von Tirana. Zuvor war er im Kabinett Rama Minister für Jugend und Soziales. Erion Veliaj erwarb seinen Master im Fachbereich Europäische Integration im Vereinigten Königreich. Er wuchs in einer atheistischen Familie auf, wurde später Protestant und veröffentlichte weltweit umstrittene Mohammed-Karikaturen.

An der Tür zu seinem Büro steht: »You look great today.« Das Büro wirkt prächtig. Es hat die Form eines Halbkreises, auf dem dunklen Holzboden ist ein albanischer Teppich, darauf Samt- und Ledersofas, Bücherregale und Tische. An Wänden und Säulen befinden sich Landkarten von Tirana, in einer Zimmerecke sind Spielsachen: ein Bus, weitere Fahrzeuge aus Holz, ein grüner Bär, Miniaturen von einer Villa, einem Turm, einem Fahrrad und ein Schild von Monopoly Albania.

Gespräch mit Tiranas Bürgermeister Erion Veliaj

Herr Veliaj, was sind Ihre Ziele für Tirana?

Mein Ziel ist es, dass Tirana das Tel Aviv des Balkans wird. Nicht Wien, nicht München. Es wird nie eine neue alte Stadt sein. Allerdings ein kreativer Ort mit ein bisschen Drama.

Sie sind bekannt für Ihre Fahrradstraßen. Warum ist Ihnen das Projekt so wichtig?

Als wir mit dem Bau der Radwege begannen, fragten die Leute, wer Radwege brauche. Keiner fährt Fahrrad. Jetzt gibt es Proteste, weil die Fahrradspuren zu schmal sind. Das größte Verkehrsproblem in der Stadt sind allerdings nicht die Radwege, die Boulevards oder die Plätze, sondern die Kilometer von einem Ort zum anderen, die mit dem Auto zurückgelegt werden. Denn die Menschen können das Auto als Transportmittel betrachten, wenn die Entfernungen groß sind, oder sie betrachten es als Statussymbol. Dann will man angeben, dass man ein schönes Auto hat und kein armer Kommunist mehr ist. Mit inzwischen 30 Jahren dauert mir diese Trophäen-Symbolik schon zu lange. Mir geht es nicht um die Seitenstraßen oder die Parks, für mich geht es um die zehn Kilometer von einem Ort zum anderen.

Es ist schwierig, die Mentalität zu ändern. Wie gehen Sie das an?
Es gibt einige Leute von früher, die sich nicht ändern werden. Viele Menschen haben ein Misstrauen gegenüber der Politik und leisten Widerstand, das verstehe ich. Wenn nur ein Kind nach einem autofreien Tag nach Hause käme und sagen würde: »Oh, Papa, erinnerst du dich an das Fahrrad, das du mir vor drei Jahren gekauft hast, mit dem ich nie fahren konnte, weil es keinen Ort ohne Autoverkehr gab?« Es ist wichtig, mit den Kindern zu kommunizieren und sie zu Fürsprechern in jedem Haushalt zu machen, weil sie die Wahrheit sagen, ohne irgendwelche Bedingungen zu stellen.

Wie ist es Ihnen gelungen, den Widerstand zu überwinden?
Meistens, indem man Kindern einen Vorgeschmack auf die Dinge gibt, die kommen werden. Kinder sind von Natur aus Träumer. Man zeigt ihnen einfach, was es bedeutet, statt eines Kreisverkehrs für Autos einen Platz für Menschen zu haben. Bei dem, was in der Welt vor sich geht, haben viele Menschen einen Grund zu zweifeln, misstrauisch und zynisch zu sein. Aber Kinder sind unverdorben und können die Dinge so sehen, wie sie sind.

Was macht Albanien Ihrer persönlichen Meinung nach so besonders?
Kehren Sie zurück in die Zukunft, gehen Sie zurück in die Geschichte. Hier können Sie sehen, wie schnell sich Länder verändern. Ich habe über 100 Länder bereist. Mir fällt kein Land ein, das in so kurzer Zeit so viele Fortschritte gemacht hat wie Albanien.

Friseurbesuch und die schicken Albanerinnen

Heute treffen wir die-Intendantin der Tirana Oper und sind zum Eröffnungskonzert eingeladen. Das bedeutet für uns typisch albanisch: Friseurtermin um neun Uhr morgens.

Luisa und ich sitzen bei meinem Stammfriseur Parukeri Shqipe. Es ist ein hübscher Laden mit drei Sitzplätzen, im Fernsehen läuft der Musikkanal. Ich bekomme Locken und zahle dafür fünf Euro, Luisa für einen Haarschnitt zehn Euro. Viele Frauen lassen sich hier schminken, doch das mache ich lieber selbst. Keine halbe Stunde später sind wir fertig, die nächste Kundschaft wartet bereits.

In Albanien legt man Wert auf sein Äußeres. Die Frauen in Tirana tragen Blusen, Kleider und luftige Hosen aus Samt. So elegant würden die meisten Frauen in Deutschland abends ausgehen oder ins Büro. Hier machen sie sich schick, um kurz Brot zu kaufen. Ich fühle mich hier nie richtig angezogen. Ich bin durchaus modebewusst, mag aber kein übertriebenes Styling. Eine Bekannte von mir hat einen Beauty-Salon. Wir sehen uns kaum, da sie Wochen im Voraus ausgebucht ist.

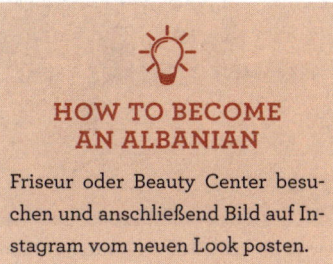

HOW TO BECOME AN ALBANIAN

Friseur oder Beauty Center besuchen und anschließend Bild auf Instagram vom neuen Look posten.

In der schicken LIFT Steak & Rooftop Bar mit Blick über Tirana möchte Luisa von der Rezeptionistin Franceska Brahaj wissen: »Wie werde ich Albanerin?« Ihre Antwort: viel ins Aussehen investieren, Beauty-Center besuchen, tolle Fotos auf Instagram posten. »Warum ist das den Frauen so wichtig?«, fragt Luisa. Vielleicht wollen sie Bloggerinnen werden, überlegt Franceska, die selbst neben ihrem Job modelt.

Die Tirana Oper als offenes europäisches Theater

Die Tirana Oper ist mit der Nationalbibliothek Teil des Kulturpalastes. Mit vollem Namen heißt sie Teatri i Operas dhe Baletit (deutsch: Theater der Oper und des Balletts). Der Kulturpalast wurde in den

Reiterstandbild des berühmten Nationalhelden Skanderbeg auf dem gleichnamigen Platz im Stadtzentrum von Tirana

1960er-Jahren bei der neuen Gestaltung des Skanderbeg-Platzes gebaut. Heute befinden sich auf dem ehemaligen Gelände des alten Basar die sehenswerte Et'hem-Bey-Moschee, das Historische Nationalmuseum und das Wahrzeichen der Stadt – das Reiterstandbild zu Ehren Skanderbegs, des albanischen Adeligen, der gegen die Osmanen kämpfte. Die erste Aufführung in der Tirana Oper war die Oper »Rusalka« des russischen Komponisten A. Ş. Dargomyzhskij 1953. Heute besteht das Ensemble aus über 250 fest angestellten Personen, die dem Philharmonischen Orchester, dem Chor, der Balletttruppe und der Folkloregruppe angehören. Ich war zuletzt vor zwei Jahren in der Tirana Oper, um die Oper »Carmen« vorzubereiten. Ich fühle mich hier mehr als Zuschauerin, denn als Sängerin habe ich dort nur wenige Konzerte gegeben. Um mehr über die Oper zu erfahren, möchten wir uns mit der Intendantin Abigeila Voshtina treffen.

Gespräch mit der Intendantin der Tirana Oper Abigeila Voshtina

Abigeila Voshtina war Konzertgeigerin und künstlerische Leiterin. Seit Kurzem ist sie Intendantin der Tirana Oper. Ihre Vision ist ein offenes europäisches Theater.

Frau Voshtina, für was steht die Oper von Albanien?
Als ich zum ersten Mal hierherkam, gab es kein Publikum für zeitgenössische Kunst und die Oper. Wir haben es Schritt für Schritt aufgebaut. Ich war in Deutschland, dort kommt alles auf die Bühne, man ist sehr offen. Hier denkt man eher klassisch. Es geht nicht darum, sich als Teil des Westens zu fühlen, sondern um die Schönheit. Die Menschen wollen schöne Kunst, schöne Stimmen, schöne Bilder. Die Schönheit ist das Wichtigste für die Menschen überall. Wir wissen nach Covid, dass wir Kunst brauchen. Kunst und Sport können wir nicht nur auf Bildschirmen konsumieren, weil man keine Emotionen spürt. Das Theater vermittelt Emotionen, um einen kleinen Raum des Friedens und Genießens zu schaffen. Es ist keine Gala, zu der die Damen und Herren kommen, um ihre Kleider zu zeigen. Es ist ein spiritueller Moment.

Wer geht in Albanien in die Oper?
Drei Gruppen: Die Mittelschicht, ältere Leute und die junge Generation. Ich bin glücklich, dass sie sich für diese Kultur interessieren. Es ist ein Moment, in dem man sich der Hektik mit anderen entzieht und in einer Meditation mit sich selbst ist.

Welche Rolle spielt die Oper von Tirana für den Balkan?
Im Moment herrscht die Politik des offenen Balkans, und auch in der Oper werden wir mit anderen Balkanländern zusammenarbeiten. Wir haben beispielsweise gute Beziehung zum Belgrader Nationaltheater und gemeinsam Aufführungen von »Carmen« gemacht. Einige unserer Künstler und Künstlerinnen waren dort und einige der ihren waren hier. Wir planen mit dem Kosovo einige Projekte und ich möchte eine gute Beziehung mit den Kroaten.

Was ist Ihre persönliche Empfehlung für das aktuelle Programm?
Wir haben einen interessanten Anfang mit der fünften Sinfonie von Schostakowitsch. Er schrieb diese Sinfonie unter enormem politischen Druck. Sie hört sich so an, als ob jemand die Unterdrückung anprangert und sich auch davon löst. Die Sinfonie ist eines der schönsten Konzertstücke und ist wirklich lyrisch. Der Pianist ist fantastisch. Alles im Theater hat eine Magie, hat etwas zu sagen. Wir haben im Programm auch ein erzählendes Musical. Es heißt »Liebe« und ist von einem Choreografen aus München.

Gibt es eine überraschende Geschichte, die Sie über die Oper erzählen können?
Das Künstlervolk zu managen ist schwierig, weil sie alle sensibel sind. Man kann an ihnen die Extreme der Charaktere beobachten. Dieser Job kann also schrecklich sein, wenn man ihn nicht liebt. Aber es wird lustig und herausfordernd sein, mit Geduld das Beste aus jedem von ihnen herauszuholen.

Ministerpräsident Edi Rama ist auch Künstler. Ist er regelmäßig in der Oper?
Edi Rama ist sehr beschäftigt, daher ist es für ihn nicht einfach, eine längere Aufführung zu sehen. Er war bei der Theatereröffnung nach dem Wiederaufbau hier und hat sich zweimal »Madame Butterfly« angeschaut. Edi Rama hat sich in der letzten Amtszeit entschieden, dieses Theater zu einem europäischen zu machen.

Warum wurde die Oper vor Kurzem renoviert?
Bei der Renovierung ist das äußere Gebäude gleichgeblieben, innen haben wir es komplett neu gemacht. Denn anfangs war es für den Kongress gedacht. Danach wurde es zur Nationalbibliothek und zum Opernhaus umgebaut. Das Gebäude war also ursprünglich für etwas anderes gedacht und daher nicht optimal geeignet für Musikaufführungen. Wir brauchen eine gute Akustik, ein gutes Gefühl für das Publikum und die Künstlerinnen und Künstler.

Einstimmung im Operncafé: Der Rausch ist das Schöne dabei, du erlebst es im Hier und Jetzt. Und das war es.

Die Intendantin Abigeila Voshtina lädt uns zum Eröffnungskonzert ein. Davor sitzen wir im Operncafé zwischen Marmorsäulen und unter goldenen Lampenschirmen. Es ist halb acht Uhr abends und die Sonne bereits untergegangen. Ich freue mich, heute Zuschauerin zu sein. Ich trete gern ab und zu auf, aber ohne die Intensität von früher. Bald habe ich Konzerte in Dallas, in den USA. Doch mein Lebensmittelpunkt ist jetzt mein Sohn und ich unterrichte auch. Wir Sängerinnen identifizieren uns mit Rollen. Jetzt lebe ich die Mutterrolle. Trotzdem werden mich Gesang und Kultur immer begleiten.

»Wie ist es, auf der Bühne zu stehen?«, möchte Luisa wissen. »Du bist in einer anderen Welt, du bist Protagonistin, Darstellerin. Je nachdem, wie die Rolle ist, fröhlich oder verführerisch, du bist alles. Wie sehr bist du du selbst?«, fragt Luisa. Ich bin zu einem gewissen Teil ich selbst in jeder Rolle. Obwohl ich auf dem Höhepunkt meiner Karriere viel leisten musste, war ich gelassen. Es ging um Perfektion, aber ich habe dabei einen Selbstschutz entwickelt: Ich bringe meine Höchstleistung, und wenn es nicht klappen sollte, dann gibt es andere Wege. Ich bin ehrgeizig, doch es gibt auch eine andere Art Ehrgeiz. Wenn man zu stark fixiert ist, vernachlässigt man das Leben an sich. »Als ich einmal für einen Vortrag auf der Bühne stand, konnte ich mich danach an nichts mehr erinnern. Geht es dir auch so?«, fragt Luisa. Mir geht es

Große Vorfreude auf das Eröffnungskonzert in der Tirana Oper

genauso, weil der Adrenalinspiegel so hoch ist. Du bist in einem Rausch. Je höher meine Erwartungen, mein Erfolg, mein Wissen über Perfektion und meine Erfahrungen, desto höher meine Verantwortung und Aufregung. Der Rausch ist das Schöne dabei, du erlebst es im Hier und Jetzt. Und das war es. Bei Aufnahmen erlebt man diese Emotion nicht.

Ein beeindruckendes Eröffnungskonzert

Die Oper ist heute ausverkauft. Mein Sohn Charlie, Luisa und ich schreiten über den roten Teppich, und ich treffe einige Menschen. »Meine Schwester!«, begrüßt mich Inva Mula, eine weltberühmte albanische Opernsopranistin. Drinnen füllen sich die lilafarbenen Plätze, eine Kamera schwenkt über die Bühne. Auf dem Programm des Konzerts stehen Werke der Russen Dmitri Schostakowitsch und Sergei Rachmaninow. Schostakowitsch, einer der bedeutendsten Komponisten Russlands im 20. Jahrhundert, schrieb für das Regime von Stalin, von dem er sich gleichzeitig distanzierte. Dirigent Pescasseroli war ursprünglich Anwalt und machte auch Popmusik, und der Klaviersolist des Abends, Giuseppe Albanese, gilt als bester italienischer Nachwuchskünstler. Im Orchester sitzen rund 50 bis 60 Musiker und Musikerinnen.

Das Konzert beginnt. Neben uns sitzt Erica, 16 Jahre, sie spielt Klavier in der Oper. »Wunderschön« findet sie das Konzert, weil es so schnell sei. Das Stück ist fröhlich, dramatisch, ruhig, bis sich wieder eine laute Szene ankündigt. Zwischen Geigen und Kontrabässen überraschen Trommeln und Trompeten. Die Hände des Pianisten fliegen über die Tasten. Dirigent und Pianist nehmen Blickkontakt auf, in intensiven Phasen ist jeder bei sich. Als beinahe alle Instrumente involviert sind, öffnet der Dirigent den Mund, hüpft, reißt den Taktstock hoch wie ein Zauberer, seine Hände zittern. Als er den Taktstock senkt, klatscht jemand. »Scht« macht Dirigent Pescasseroli, eine Stille legt sich über das Publikum, das angespannt der Bühne folgt.

Obst & Gemüse und mein Lieblingssouvenir

In Albanien kauft man Obst und Gemüse ungern in Supermärkten, sondern auf den offenen Märkten und an Ständen, die Ware muss frisch

Ein ideales Mitbringsel sind die natürlichen Tees von meinem Lieblingsobststand am Dinamo Stadion, preiswert, gesund und leicht zu transportieren.

sein. Eine gute Anlaufstelle ist der Markt Pazari I Ri, bei dem auch die bunten Häuser von Edi Rama stehen. Auf dem architektonisch interessanten Markt finden Sie nicht nur wunderbare Feigen, Nektarinen, Raki, Oliven und Tomaten, sondern auch Souvenirs wie eine Albanien-Tasse. Es gibt auch skurrile Gegenstände wie Ferngläser aus der Partisanenzeit und von Soldaten der Armee der 1950er- bis 88er-Jahre. Auch tolle Cafés und das Fischrestaurant Markata e Peshkut sind auf dem Gelände.

Mein persönlicher Lieblingsobststand ist rund 50 Meter neben dem Dinamo Stadion. Einen Namen hat der Stand nicht. Hier kaufe ich für Freunde, Familie und mich Lavendel-, Minz- und Brennnesseltee, der super für den Magen ist. Es ist das perfekte Souvenir: leicht, günstig, und qualitativ hochwertiger Tee, der gut konserviert, getrocknet und lecker ist.

In Albanien ist von Ende August bis Mitte Oktober die Erntezeit der Feigen. Dann gibt es unterschiedliche Sorten Feigen zum gleichen Kilopreis wie Bananen: 100–300 Lek (rund 1,70 Euro).

Auf Zeitreise in die Vergangenheit

Mitte 1980er-Jahre wachse ich im kommunistischen System in Lushnja auf, einer kleinen Stadt im Süden Mittelalbaniens. Mit dem Lied »Auf das Brot« gewinne ich beim Kinderfestival Festivali i Pionierevë den ersten Preis. Wir sind ein armes Land und das Brot ist quasi unser Hauptnahrungsmittel. Wir sagen nicht: »Wir essen zu Mittag«, wir sagen: »Wir essen Brot.« Meine Karriere beginnt also mit »Auf das Brot« und ich ahne nicht, dass meine großen Träume bald mit dem System kollidieren werden.

Doch erstmal ein Blick in die Geschichte Albaniens, bevor wir in das Bunker-Museum gehen und ich Ihnen mehr über meine Geschichte erzählen werde.

Zu Beginn des Zweiten Weltkrieges besetzten italienische Faschisten das Land. Ab November 1941 baute Enver Hoxha die kommunistische Partei Albaniens auf. Tirana wurde zum Zentrum der albanischen Kommunisten, diese motivierten die Bevölkerung, gegen die italienischen Faschisten und die deutschen Nazis zu kämpfen. Nach einem mehrtägigen Kampf wurde Tirana von der Wehrmacht, also den deutschen Streitkräften, befreit. Am 29. November 1944 rief Hoxha in Tirana die Unabhängigkeit aus. Die Sozialistische Volksrepublik Albanien existierte bis 1990 und sah sich selbst als Diktatur des Proletariats, welche die Interessen der Arbeitsklasse vertrat. Sie war eine Einparteiendiktatur der Partei der Arbeit Albaniens (PAA), die dem Marxismus-Leninismus folgte und politisch an Josef Stalin angelehnt war. Im Bunk'Art Museum werden wir mehr über diese grausame Zeit der Diktatur erfahren. 1967 wurde das Religionsverbot etabliert und Albanien zum ersten und bisher einzigen offiziellen atheistischen Staat der Welt. Tausende Bunker und Hunderte Denkmäler erinnern an die sozialistische Epoche. Während der kommunistischen Herrschaft wurden sozialistische Wohnsiedlungen und Fabriken gebaut sowie kulturelle Einrichtungen wie das Opernhaus. Demonstranten stürzten am 20. Februar 1991 die Statue von Enver

Blick ins Bunk'Art Museum 2. Der ehemalige Nuklearbunker veranschaulicht die Unterdrückung während der kommunistischen Diktatur.

Hoxha auf dem Skanderbeg-Platz. Danach öffnete und demokratisierte sich Albanien Schritt für Schritt und Tiranas Stadtbild wandelte sich mit der Eröffnung von Cafés, Restaurants, Läden, dem Bau von Hochhäusern und asphaltierten Straßen sowie der Anlage von Parks.

Bunk'Art Museum 2 oder das »Objekt Shtylla«

Der Himmel ist blau und die Sonne strahlt, als wir vom Skanderbeg-Monument die Rruga Abdi Toptani überqueren und den Bunker sehen, der gleichzeitig der Eingang zum Museum ist. Dieser Eingang sowie der Ausgang des Bunkers wurden erst vor Kurzem gebaut, da der Zugang ursprünglich nur vom Ministerium aus möglich war. Stufen führen metertief in den Bunker. Am unteren Eingang steht in Rot: »All those who forget their past are condemned to relive it« (deutsch: »Alle, die ihre Vergangenheit vergessen, sind dazu verdammt, sie wieder zu erleben«). Ein Zitat von Primo Levi, dem italienischen Schriftsteller und Holocaust-Überlebenden. Ich bin zum ersten Mal hier. Obwohl ich die Geschichte Albaniens kenne, werden einige Details auch für mich neu sein. Noch weiß ich nicht, wie emotional die Reise zurück in die Diktatur von Enver Hoxha werden wird.

Ein schmaler Gang zieht sich im Tunnel nach hinten. Auf Tafeln an der Seite erfahren wir, dass dieser Tunnel des Innenministeriums zwischen 1981 und 1986 gebaut wurde und eines der letzten großen Bunkerbauprojekte des kommunistischen Regimes war. Seit Anfang der 70er-Jahre wurden im Land 175 000 Bunker gebaut, um einem möglichen chemischen oder nuklearen Angriff standzuhalten. Dieser trägt den Codenamen »Objekt Shtylla«. Der Bunker wurde nie genutzt und die Diktatoren Mehemet Shehu und Enver Hoxha haben seine Fertigstellung nicht mehr erlebt.

Der Gang führt in 24 Zimmer mit unterschiedlichem thematischen Fokus. Da gibt es eine Wohnung für den Innenminister und einen Saal

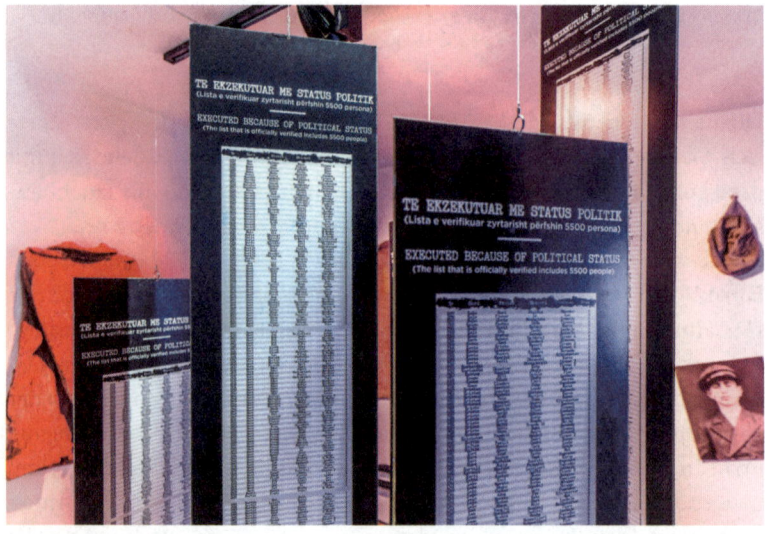

Auf langen schwarzen Platten stehen die Namen von ermordeten Regimegegnern, eine davon zeigt 5500 Namen.

für den Fernmeldeverkehr. Es ist warm, die Lüftung rauscht, Menschen blicken ratlos auf die Tafeln, manche tauschen sich auf Albanisch, Spanisch, Italienisch, Englisch oder Deutsch aus. Durch die chronologische Gliederung der Räume wird die Reise durch die Zeit intensiver, von der die meisten Menschen nur gehört haben, für mich war sie mein Leben.

> *Für mich ist es wie ein alter realer Film, den ich 20 Jahre nicht gesehen habe.*

Das Bunk'Art Museum 2 klärt ausführlich und anschaulich über die Methoden der Sigurimi (deutsch: Sicherheit) auf. Das war die Geheimpolizei Albaniens während der Gewaltherrschaft unter Enver Hoxha. Das Pendant zur DDR-Stasi. Ende des Zweiten Weltkrieges transformierte sich das kommunistische Regime in eine Regierung, die auf Arrest und Verfolgung von politischen Gegnern basierte. Wir lesen Geschichten von Folter und Befragungen, bei denen die Verhörten verrückt wurden und aus dem Fenster sprangen. Und wir sehen Bilder von Hunden, welche die albanische Polizei ab 1950 zur Grenzkontrolle abgerichtet hat. Mitten in einem Raum stehen auf dicken Platten lange Listen mit Namen von Menschen, die aufgrund ihres politischen Status exekutiert wurden. Violettes Licht schimmert leicht, sonst ist es dunkel. Eine Liste enthält 5500 offiziell verifizierte Personen.

Dann wird ein Film gezeigt, in dem viele junge Menschen auf der Straße marschieren. Auch das habe ich erlebt. Es war 1991 und ich circa 20 Jahre alt. Damals wurden alle Studierenden aufgerufen rauszugehen. Man musste mitmachen. Zeitgleich sprach sich Edi Rama an meiner Uni gegen die Regierung aus.

Kollaborateure von Sigurimi sammelten anonym Informationen über ihre Mitbürger und Mitbürgerinnen, um »Feinde des Volkes« zu identifizieren. Es genügte ein Fünf-Tage-Kurs, um Spionagefotograf zu werden. Oft wurden Kollaborateure gezwungen, Mitglieder der eigenen Familie zu verraten, was zu tiefen Rissen in der albanischen Gesellschaft führte, die bis heute nicht verheilt sind.

Der eher unauffällige Eingang des Bunk'Art Museums lässt nicht direkt erahnen, was Besucherinnen und Besucher unter der Erde erwartet.

Später formten sich antikommunistische Gruppen, die Sigurimi mit Tricks bei der Funkabhörung zerstören ließ. Sigurimi veranlasste geheime Aufnahmen von Fotos, Videos und Audios ohne gerichtliche Erlaubnis. Auf einem Bild sehen wir Alltagsobjekte wie eine Waage, ein Gehstock oder ein Bild, in die Wanzen eingebaut wurden. Auch anonyme Briefe als Aufstand gegen das Regime und die schwierigen Lebensbedingungen, die Unzufriedenheit und die Unfreiheit sind ausgestellt. Ein Schreiber wünscht Enver Hoxha: »A very soon death because Albania is suffering tremendously.« Jeder Ausländer, der in der kommunistischen Zeit nach Albanien gelangte, galt automatisch als »verdächtig« und stand unter Beobachtung.

Von 1945 bis 1990 gab es Gefängnisse und Arbeitslager. Tepelena war das schrecklichste Internierungslager. Tausende Menschen starben an Hunger und Krankheiten wie Malaria und Tuberkulose oder wegen Unfällen mit im Boden verstecken Minen aus dem Zweiten Weltkrieg. Eine Frau im Video erzählt, dass die Gefangenen oft zwei bis drei Tage verschwiegen hätten, wenn eine Person gestorben war, um deren Essensration zu bekommen. Auch Mitglieder meiner Familie waren in Tepelena.

Es gab zwei Stufen bei Internierungslagern. Tepelena war ein Lager erster Stufe, niemand durfte es verlassen. Meine Tante war in einem Lager zweiter Stufe, das Personen auch verlassen durften. Gemeinsam mit meiner Oma besuchte ich meine Tante. Meiner Mutter habe ich damals nichts davon erzählt.

Ziemlich am Ende des Bunker-Museums ist der Befragungsraum. Von 1950 bis 1991 konnte jeder verhört werden. Dafür sind 36 Foltermethoden aufgelistet: mit Holz schlagen, mit brennendem Draht im Fleisch bis zum Knochen bohren, jemanden verhungern lassen. Mir wird schlecht.

Ich lese die Zitate an der Wand, darunter eines von Goethe: »Wenn das Interesse schwindet, schwindet auch die Erinnerung.«

Die kommunistische Zeit werde hier eindeutig negativ dargestellt, es gebe keine Nostalgie, wie es beispielsweise in der ehemaligen DDR der Fall sei, stellt ein deutscher Tourist namens Alexander fest. Darauf sage ich: »Ich weiß nicht, wie es in der DDR war, aber hier war es härter, es war eine Diktatur.«

Wir verlassen den Bunker und passieren die 2,40 Meter dicke Schicht aus Stahlbeton.

»Auf das Brot« und warum ich meine Geschichte lange nicht verstand

Nach dem Bunker-Museum sind Luisa und ich platt. Wir setzen uns in ein ruhiges Café, und ich erzähle ihr meine Geschichte: Als ich fünf Jahre alt war, trennten sich meine Eltern. Mein Bruder und ich lebten bei meiner Mutter und haben unseren Vater mehrere Jahre nicht gesehen. Warum, habe ich mich oft gefragt und etwas von einer »formalen Trennung« gehört. Ich bin im kommunistischen System aufgewachsen, habe vieles erlebt und vieles nicht verstanden.

Meine Familie war sehr zurückhaltend mit ihrer Meinung vom Regime, sehr reserviert gegenüber anderen Menschen. Auch in der Familie durften wir nicht über das Regime sprechen und was mit unseren Angehörigen passiert. Wenn man Dinge dauerhaft nicht versteht, ist man damit einverstanden. Irgendwann habe ich es nicht mehr hinterfragt.

Erst als ich erwachsen war, habe ich begriffen: Die Familie meines Vaters hatte eine »schlechte« politische Biografie. Ein Familienmitglied war über zehn Jahre im Gefängnis, die Person war nicht politisch aktiv, jedoch intellektuell, und das war für die damaligen Diktatoren Risiko genug. Daher trennten sich meine Eltern, damit mein Bruder und ich in die Schule gehen konnten.

> *Mit 12 oder 13 Jahren wurde ich entdeckt und gewann mit »Auf das Brot« den ersten Preis bei einem Festival. Mein Traum: Gesang studieren.*

Es war 1988/89: Aufgrund der politischen Biografie meiner Familie hatte ich ein Jahr lang kein Recht, die Aufnahmeprüfung an der Uni für den Fachbereich Gesang zu absolvieren. Mein Traum war geplatzt. »Das war's«, dachte ich.

Damals habe ich in einem Kulturhaus in Lushnja Song-Sketches aufgeführt. Im Publikum waren Parteimitglieder, ich durfte an der nächsten Aufnahmeprüfung teilnehmen, wurde aber nicht genommen. Die Kommission war ratlos, denn ich hatte eine hohe Punktezahl. Über Bekannte mit Beziehungen zum Bildungsministerium habe ich erfahren, dass die Einladung nur pro forma war – sie wollten mich mit meiner Teilnahme ruhigstellen. Damit platzte mein Traum zum zweiten Mal.

Erst nach der Wende 1991 konnten meine Eltern wieder zusammenleben und ich mich zum zweiten Mal für die Aufnahmeprüfung anmelden. Damals gab es nur eine Universität im ganzen Land – in Tirana. Jährlich wurden zehn Personen genommen. Ich konnte mir nicht mehr vorstellen, dass ich für das Musikstudium aufgenommen würde. Aber dann endlich: Ich hatte die höchste Punktzahl und damit den ersten Platz!

Mein Sohn Charlie und ich

Für mich war der Beginn des Studiums auch eine Rache am System, das mir so lange verwehrt hatte zu studieren.

In den 1980ern war das Leben in Albanien nicht schön: Keiner durfte raus, keiner durfte reisen, nur mit gefälschten Dokumenten war das möglich. Ich habe Albanien verlassen, als ich Mitte zwanzig war. Zu dem Zeitpunkt kam in Albanien die Demokratie an, dennoch hatte das Land viele Lücken. Für mich war die Opernwelt der Westen. In Tirana erhielt ich den ersten Stipendienplatz für ein Studium an der Akademie von Katja Ricciarelli in Italien. Anschließend ging ich nach Deutschland und machte meinen Master an der Johannes Gutenberg-Universität Mainz. Noch vor dem Abschluss begann mein erstes Engagement. Ich machte Karriere, heiratete, bekam meinen Sohn Charlie, der inzwischen 16 Jahre alt ist. Ich lebte in Dallas in den USA, in Barcelona und jetzt in Deutschland. Ich war nur noch zu Besuch in Albanien. Ich kann mir ein Leben ohne Reisen nicht vorstellen. Das ist meine Welt. Ich möchte meinen Horizont erweitern. Die Menschen machen die Grenzen, die Erde hat keine.

Das aktive Tirana

Tirana ist eine aktive Stadt mit einem bunten Nachtleben und dem Hausberg Dajti. Abends pulsiert das Leben in der Kneipenmeile Kalaja Toptani, nachts noch etwas mehr im Ausgehviertel The Block mit exklusiven Cocktailbars. Neben dem attraktiven Nachtleben bietet Tirana innerhalb von wenigen Minuten Erlebnisse ganz hoch oben: Sie können auf Albaniens Hausberg Dajti mit der Gondel schweben, um die fantastische Aussicht über die Stadt zu genießen oder zu wandern. Wer schwindelfrei ist, kann auch über Albaniens Bäume fliegen.

Das Nachtleben in Tirana ist bunt. Zwei Viertel sind besonders interessant: das Ausgehviertel The Block und die Kneipenmeile Kalaja Toptani, die ein guter Start ins Nachtleben ist. Hier gibt es Bars entlang einer Fußgängerzone, die in Tirana rar sind.

Wir sitzen unter einem Baum am Eingangsbereich der Bar Hotel Millennium. Hinter uns ist die rote Beleuchtung der Bar, vor uns die Fußgängerzone und der Kellner, der unsere Cocktails bringt. »Faleminderit!«, bedanken wir uns auf Albanisch.

Es ist 19 Uhr an einem Dienstag und wirkt, als sei Wochenende. In Albanien geht man jeden Abend aus, wenn man es sich leisten kann. Das ist Lebensqualität. Auch wir haben uns den letzten Tisch im Millennium geschnappt. Die Menschen strömen durch die Fußgängerzone, man beobachtet sich. Leuteschauen ist auch in Albanien für viele ein Ritual. Als wir die schicken Menschen beobachten, kommt ein kleiner Junge an unseren Tisch und bettelt. Das passiert nicht regelmäßig, aber doch öfter. Etwa ein Zehntel der albanischen Bevölkerung gilt als arm. Laut

HOW TO BECOME AN ALBANIAN

Auf Albanisch heißt »danke« »faleminderit«. Das bedeutet: »Ich bete für die Ehre« und besteht aus: »falem« (deutsch: beten) und »nderit« (deutsch: Ehre).

Das Vergnügungsviertel The Block bietet Cafés, Restaurants und Bars für jeden Geschmack.

Welthunger-Index 2021 sind mehr als sechs Prozent der Bevölkerung unterernährt. Das Wirtschaftswachstum konzentriert sich auf Tirana und Durrës, 2011 lebten bereits 54 Prozent der Bevölkerung in Städten. Die Arbeitslosenquote ist hoch, vor allem die Jugendarbeitslosigkeit, die bei 30 Prozent liegt. In den ländlichen Regionen haben die Menschen kaum Perspektiven. In den vergangenen beiden Jahrzehnten ist die Armut jedoch deutlich gesunken.

In Kalaja Toptani ist die Stimmung friedlich, die Menschen gehen entspannt und hetzen nicht. Nur wenige Gehminuten von hier ist die Weinbar Cobo Vinery Shendeverë entfernt, die innerhalb der Burgmauern liegt. Dort gibt es hervorragenden Wein, Wurst, Oliven und gebackenen Feta.

Nach dem Start in Kalaja Toptani können Sie in The Block weiterziehen. The Block, oder auch *Blloku* oder *Bllok* (albanisch), ist das Vergnügungsviertel mit angesagten Bars, Cafés, Restaurants und Läden. Früher war es ein abgesperrtes Wohngebiet für die Staatsführung Albaniens. Auch die Villa des langjährigen Diktators Enver Hoxha befindet sich hier. Es ist gruselig, nachts an der leeren Villa vorbeizulaufen. Jetzt ist The Block laut, lebendig und selbstbewusst. Hier mischt sich Albaniens Jugend mit ein paar Touristinnen und Touristen und Menschen aller Altersklassen.

Im Bllok befindet sich auch das gehobene Restaurant Salt Rest. Man bewegt sich anders, wenn man diesen Ort betritt. Eine gigantische Bar ragt meterweit in die Höhe, das Personal, ganz in Schwarz gekleidet, klettert auf eine Leiter, um an die Spirituosen aus den höheren Regalen zu gelangen.

Die Frauen tragen Blumenkleider und Pailletten, die Männer Hemden. Salt ist ein Ort zum Cocktail trinken und Sushi essen.

Wir fragen nach einer Cocktailempfehlung. Der Kellner möchte wissen, welche Basis wir bevorzugen: Gin, Wodka oder Rum? Wir entscheiden uns für Gin und er empfiehlt uns »Salt Symphony«, einen Cocktail mit Ingwer, Basilikum, Limone, Zucker und Gin. Und, wow! – Das ist ein Cocktail! Der Gin, die Schärfe und Frische der Zutaten sind wirklich eine Sinfonie. Wenig später darf ich mich selbst in Cocktailmixen versuchen. Eine Premiere für mich! Abends ist es hier viel los und es wird getanzt.

Ein weiterer Tipp im The Block: die Radio Bar. Das ist eine eigene Welt. Wir sitzen draußen, aber überdacht mit bunten Wänden, zwischen Pflanzen, alten Fernsehern, vielen Erinnerungsstücken und originellen Leuten. Ich entdecke dort sogar Spielzeuge meiner Kindheit.

Wem eher etwas Rockiges gefällt, der/die ist im Ironbrush Pub Tirana gut aufgehoben. Hier fallen die Schwarz-Weiß-Bilder des Besitzers Klodian Luca auf, der auch Künstler ist. Und es gibt noch mehr zu entdecken in der Bar: ein Motorrad, einige Musikinstrumente, das Steuerrad eines Segelboots, einen Billardtisch. Es ist eines dieser entspannten Lokale, in dem nicht sofort klar ist, wer hier arbeitet.

Die Sonne geht gleich unter, Luisa und ich sind etwas spät dran und trennen uns für zwei unterschiedliche »Sehenswürdigkeiten«, die nah beieinanderliegen. Luisa möchte eine Zipline ausprobieren, deren Startpunkt rund 25 Minuten Fahrtzeit südöstlich von Tirana liegt. Ich schaue mir Petrela Castle an.

Luisa schwebt 1250 Meter in den Sonnenuntergang

Luisa erzählt: »Kaum angekommen geht alles schnell. Mitarbeiter Aladin legt mir den Gurt an und seine Kollegin Ilda erzählt etwas

Luisa genießt die Freiheit und den Sonnenuntergang mit der Zipline.

über den Ort: Es sei das erste professionelle Ziplining in Albanien und mit einer Länge von 1250 Metern die längste Zipline im Balkanbereich. Eine Gruppe von albanischen Ingenieuren habe sie vor einem Jahr gebaut. Und schon habe ich den Sicherheitsgurt angelegt und bin in der Zipline eingehängt. ›Ready?‹, fragen sie. ›Yes!‹, antworte ich, lehne mich in meinen Gurt und werde abgestoßen. Dann schwebe ich über die Bäume und einen Fluss. Ich filme kurz, doch lege dann die Kamera weg, drehe mich ungewollt etwas in meinem Gurt nach links. Die Zipline rauscht. Der Wind weht. Ich fliege dem Sonnenuntergang entgegen. Es kribbelt leicht. Freiheit! Bereits nach knappen eineinhalb Minuten erreiche ich mit einer immer noch hohen Geschwindigkeit die andere Plattform, die Landung ist weich. Es waren nur wenige Minuten Lebenszeit, doch in meiner Erinnerung fühlt es sich jetzt schon viel länger an.«

Ich besuche die Burg Petrela

13 Gehminuten vom Ziplining entfernt ist die Burg Petrela. Stellen Sie sich auf keine normalen Treppen ein – mit so vielen steilen und hohen Stufen habe ich nicht gerechnet. Doch der Aufstieg lohnt sich. Die Burg hat eine 600-jährige Geschichte und ist in einer beeindruckenden Umgebung, die sich durch den Anbau von Oliven auszeichnet. Sie bietet eine Aussicht auf die Hauptstadt, das Farka-Gebiet, Villen und Seen. Es ist ruhig und die Luft ist frisch. Hier oben gibt es auch ein Restaurant.

Luisas Wanderung: Dajti-Gipfel Maja e Tujanit

Tiranas Hausberg Dajti im gleichnamigen Nationalpark erhebt sich mit 1613 Metern im Osten der Stadt und ist Teil der Kruja-Bergkette, die sich bis nach Shkodra erstreckt.

Ich fahre mit der Gondel über Baumkronen auf den Dajti und sitze zufällig neben der Managerin des Dajti-Parks, Fatbardha Mihaj, die eigentlich Lehramt studiert hat. Die Aussicht, die Luft und der Platz – viele Leute haben diesen Ort gestaltet, das mache ihn besonders, erklärt sie. Und die Idee dahinter: Man erreicht den Berg, ein ganzjährig besuchbares Paradies, in nur 15 bis 20 Minuten.

Auf rund 1050 Meter erreichen wir die Gondelstation. Trotz meiner ungenauen Wanderkarte finde ich dennoch den Einstieg für mein Ziel: den Gipfel Maja e Tujanit. Ich gehe zuerst geradeaus. Rechts von mir Schießstände und Pferde. »Immer links halten«, wird mir geraten. Ich gehe links an einem verlassenen Hotel vorbei und entdecke die ersten Wegmarkierungen zum Gipfel Maja e Tujanit. Mit 1524 Metern ist er der höchste erreichbare Gipfel der nahen Umgebung. Vögel zwitschern beim steilen Aufstieg, der durch einen Wald führt. Dann erreiche ich eine Lichtung. Überall Schmetterlinge. Wow! Ich gewinne an Höhe, stoße auf eine Weggabelung, doch der Gipfel ist nirgends angezeigt. Mit dem Tipp »Im Zweifel links halten« finde ich den ersten Aussichtspunkt, und mir wird bewusst, wie groß Tirana ist und wie grün die Umgebung. Ich wandere bis zum Gipfel und schaue auf der anderen Seite auf Hügel, die zu einem Berg verschmelzen, auf grüne und braune Strukturen, auf die Regen und Sonnenstrahlen fallen.

Beim Abstieg spüre ich feuchtes Gras, Regen tropft auf Laub- und Nadelbäume. Obwohl der Weg sehr schön ist, begegne ich niemandem.

Danach esse ich im Restaurant Balkon i Dajtit und blicke auf Tirana. Draußen zu sitzen ist hier leider nicht möglich.

Beim Aufbruch treffe ich erneut die Park-Managerin. Das sei alles erst der Anfang, erklärt sie, sie habe viele Pläne. Als es wieder regnet, sagt sie stolz: »Wir haben alle Jahreszeiten an einem Tag.«

TIPPS

SEHENSWERTES

Tirana Oper (Teatri Kombëtar i Operas dhe Baletit – TKOB)
Das größte Nationaltheater des Landes für Oper und Ballett bietet eine internationale Auswahl an Aufführungen.
- Skanderbeg Platz, Tirana
  www.tkob.gov.al

Pazari i Ri: Markt und bunte Häuser von Edi Rama
Auf dem neuen Basar gibt es viele Stände mit Obst, Gemüse und Raki, dazu Cafés und Restaurants. Das Marktgebäude ist umringt von Edi Ramas bunten Häusern.
- Pazari i Ri, Tirana
  www.pazariiri.com

Bunk'Art Museum 2
Die unterirdische Bunkeranlage stammt aus der Zeit der Diktatur Enver Hoxhas. In der intensiven Ausstellung, in der man viel über die Geschichte Albaniens erfährt, sollte man sich circa zwei Stunden Zeit nehmen. Das Bunk'Art Museum 1 liegt etwas außerhalb von Tirana.
- Rruga Fadil Deliu, Tirana
  www.bunkart.al

Fresken und Kronleuchter in der Kuppel der Moschee

Et'hem-Bey-Moschee (Xhamia e Et'hem Beut)
Baubeginn der beeindruckenden osmanischen Moschee war 1794, Eröffnung 1823. Die Innenwände sind mit Fresken bemalt, die sich bis zur Kuppel hochziehen. Außerhalb der Gebetszeiten ist die Moschee auch für Besucher offen.
- Shesi Skanderbej, Tirana

AUSGEHEN

Salt Rest
Gigantische Cocktailbar mit ausgezeichnetem Sushi. Die Angestellten klettern auf Leitern, um an die zahlreichen Spirituosen zu gelangen. Abends wird getanzt. Unbedingt reservieren und schick anziehen.
- Rruga Pjetër Bogdani, Tirana
  www.salt.al

Kalaja Toptani

Tolles, lebendiges Kneipenviertel! Jeder Tag fühlt sich hier wie Wochenende an. Empfehlenswert: die Bar Hotel Millennium und Cobo Vinery Shendeverë. Außerdem gibt es Restaurants und Kunstgalerien innerhalb der Burgmauern.

• Shëtitorja Murat Toptani, Tirana

The Block

Vergnügungsviertel mit angesagten Bars, Cafés, Restaurants und Läden. Die Radio Bar ist eine trendige Bar. Falls Sie etwas Rockiges suchen, sollte Ihnen das Ironbrush Pub Tirana gefallen.

• Blloku, Tirana

AKTIVITÄTEN

Zipline Albania

Die 1250 Meter lange Zipline befindet sich rund 25 Autominuten südöstlich von Tirana. Empfehlenswert ist es zum Sonnenuntergang, besonders wenn die Hügel und die Stadt in orangefarbenes Licht getaucht sind. Keine Terminvereinbarung erforderlich.

• Zipline Albania, Petrela
www.instagram.com/ziplinealbania

Petrela-Burg (Kalaja e Petrelës)

Beeindruckende Burg in der Nähe von Tirana mit Aussicht auf die Stadt, Olivenbäume, Seen und Villen. Der Aufstieg ist nicht gerade leicht, aber er lohnt sich.

• Rruga Petreles, Petrela
www.tirana.al/pika-interesi/kalaja-e-petreles

Dajti

Tiranas Hausberg Dajti kann mit einer Gondelbahn erreicht werden. Infos zur Talstation und wie man per Bus dorthin gelangt, findet man auf der Website. Geführte Wandertouren auf den Gipfel sollten vorab online gebucht werden.

• Dajti Ekspres, Downstation
www.dajtiekspres.com

Nur mit Leitern sind manche Spirituosen in dieser Bar zu erreichen

KUNST & KULTUR

Tulla Culture Center
Das Kulturzentrum bietet Ausstellungsräume, ein Labor für bildende Kunst, eine Bar, Musikinstrumente und Musikproduktionskurse an. Der Direktor ist Mitglied einer Rockgruppe. Alles ist kostenlos, ein Plattenladen soll die Kosten decken. Lieblingsort der Mitarbeiterin Klaudja Pirol: das Gewächshaus auf dem Dach. Demnächst gebe es Urban-Farming-Workshops, erzählt sie zwischen Tomaten, Brokkoli und Salatpflanzen. Es finden Events zu aktuellen Themen wie zum Unabhängigkeitstag des Kosovo statt.
- Rruga Medar Shtylla, Tirana
  www.tulla.tv

Kunstinstallation »Reja – The Cloud«
Die Kunstinstallation in Form einer Wolke ist lichtdurchflutet und öffentlich zugänglich. Wenn man »drinnen« ist, kann man gleichzeitig nach draußen blicken.
- National Arts Gallery, Shëtitorja Murat Toptani, Tirana

Auferstehungskathedrale (Katedralja e Ngjalljës së Krishtit)
Die Auferstehungskathedrale, einer der wichtigsten Sakralbauten der Stadt, liegt gegenüber vom House of Leaves Museum. Ich habe hier 2019 bei einem Benefizkonzert für die Erdbebenopfer »Lord's Prayer« von Malotte gesungen.
- Rruga Ibrahim Rugova 1, Tirana
  www.orthodoxalbania.org/2020/en

Buchläden
Mein Lieblingsbuchladen ist der Libri Universitar. Außerdem gibt es eine offene Bücherei auf der Lana Brücke bei der Kreuzung vom Bulevardi Bayram Curri und der Rruga Ibrahim Rugova.
- Libri Universitar, 8R99+P9J, Tirana

Historisches Nationalmuseum (Muzeu Historik Kombëtar)
Das 1981 eröffnete Museum ist das größte Albaniens und zeigt 4750 Objekte von der Antike über das Mittelalter, aus der Ikonografie, dem Antifaschismus, der kommunistischen Herrschaft bis zur Unabhängigkeit. Zweite und dritte Etage sind auf Albanisch.
- Sheshi Skënderbej 7, Tirana
  www.mhk.gov.al

House of Leaves Museum (Muzeu i Përgjimeve të Sigrimit të Shtetit)
Das House of Leaves Museum wurde 2017 in dem Gebäude eröff-

Im Restaurant L'Osteria bedient Tila Tucci, die Frau des Kochs.

net, das während der kommunistischen Diktatur als Hauptquartier der Sigurimi diente. Es sind einige Objekte ausgestellt, die zur Überwachung genutzt wurden, wie ein System zum Abhören und Aufzeichnen von Telefongesprächen. Made in Westgermany (1985).
• Rruga Dëshmorët e 4 Shkurtit, Tirana
  www.muzeugjethi.gov.al

ESSEN & TRINKEN

LIFT Steak & Rooftop Bar
Hier können Sie Steaks und Cocktails genießen, draußen mit Blick auf die Skyline. Im Sommer gibt es Events mit bekannten DJs und Musikerinnen und Musikern aus Mykonos oder Tirana wie z.B. Valeron. Ich kenne Dallas, Barcelona, Frankfurt und bin der Meinung: Was in anderen Städten Spitzenklasse ist, ist hier Mittelklasse. Unbedingt reservieren.
• 4th Floor, ABA Business Center, Papa Gjon Pali II St 1010, Tirana
  www.liftrestaurant.al

Restaurant L'Osteria
Authentisches italienisches Restaurant am Straßenrand mit kleinem Speiseraum sowie Sitzmöglichkeiten draußen. Die selbst gemachte Pasta ist köstlich, zudem gibt es nahrhafte und kreative Salate. Es ist ein Familienbetrieb, der Koch verbrachte mehrere Jahre in Italien und kochte auch in italienischen Restaurants in Nürnberg.
• Rruga Mihal Duri 7, Tirana
  www.losteriarestaurant.business.site

Oda Traditional Albanian Cuisine
Traditionelle albanische Küche. Gegessen wird im Garten unter Limettenbäumen und Lichterketten bei traditioneller Musik. Sie erreichen das etwas versteckte Restaurant von der Hauptstraße. Luisa ist hier abends allein ausgegangen und saß mit einem Albaner, einem Niederländer und einem Kanadier

an einem Tisch. Wer also gerne neue Menschen kennenlernt, ist hier richtig. Vorteil: Man kann sich Essen teilen und mehr probieren. Zwischendurch wird gesungen und quer durch den Garten getanzt.
- Rruga Luigj Gurakuqi 3, Tirana
  www.facebook.com/ODA-Restorant-117551295017643

OPA Greek Street Food

Günstig, frisch und lecker griechisch essen. Meine Empfehlung: »Pita Kashkaval«, ein frisches Pitabrot mit eingelegten Oliven, Paprika, Tomaten, Minze, Zaziki und dem albanischen Käse Kackavall, der leicht kräftig und cremig schmeckt. OPA ist ein guter Stopp, wenn Sie auf Shoppingtour sind, denn in der Nähe gibt es beinahe alles: Apotheken, Schneidereien, Fahrschulen, Weinhandlungen, Schuhläden oder Brillengeschäfte.
- Rruga Sami Frashëri, Tirana
  www.opa.com.al

Patisserie Française

Französische Backkunst in Tirana mit Croissants, Tartes, Quiches und leckeren Macarons in einem interessant eingerichteten Café.
- Rruga Ibrahim Rugova 8RF9+42V, Tirana

ÜBERNACHTEN

Art Hotel Tirana

Neues Hotel, zentral gelegen in der Nähe vom Skanderbeg-Platz und Tiranas Gegend Blloku. Hier hängen in jeder Ecke Kunstwerke. Saubere Zimmer mit Balkon und Frühstücksbüfett zu moderaten Preisen.
- Rruga e Kavajes Nr.96/2, Tirana
  www.arthoteltirana.com/en

AUSFLÜGE

Taxifahren mit Halili

Halili war zehn Jahre in London und hat als Bauarbeiter gearbeitet. Jetzt lebt er mit seiner Familie wieder in Albanien und fährt zuverlässig Taxi. Sein Service: WiFi, Klimaanlage, Kartenzahlung, Facebook-Account und »I speak English.« Sein nächster Plan: ein E-Auto.
- Tel. +355 68 84 31 333,
  halilhafuzi@gmail.com

Großer Park (Parku i Madh)

Die größte Grünfläche der Stadt lädt zu Spaziergängen, zum Joggen und Entspannen ein. In der Lake View Bar blicken Sie direkt auf den künstlichen See.
- Parku i Madh, Tirana
  www.aprtirana.al

Die Auferstehungskathedrale in Korça wurde 1995 dort erbaut, wo bis zur Zerstörung durch das Hoxha-Regime 1967 die Sankt-Georgs-Kathedrale stand.

2
Die Künstlerstadt Korça

Wiedersehen mit Freunden, Bio-Bier direkt aus dem Braukessel und warum der 7. März der »Tag der Lehrerinnen und Lehrer« ist.

Die Künstlerstadt Korça

Elina Duni ist für mich der Höhepunkt. Ich habe sie noch nie live erlebt, und ihr starker Ausdruck und ihre künstlerischen Fähigkeiten beeindrucken mich. Die albanische Jazzsängerin arbeitet mit unterschiedlichen Stilen der Regionen Albaniens und komponiert originale Lieder um. Ich atme in ganz Korça Kultur, denn die Stadt wurde und wird von vielen Intellektuellen und Kunstschaffenden geprägt: Korça ist der Geburtsort der albanischen Literatur, hier wurde noch während der osmanischen Herrschaft die erste albanische Schule eröffnet, wunderschöne Kirchen und Moscheen erbaut und eine Bierfabrik gegründet.

Korça liegt im gleichnamigen Qark im Südosten Albaniens auf einer fruchtbaren Ebene auf rund 900 Meter Höhe am Fuß des Morava-Gebirges, das 1800 Meter hoch ist. Eine neue Schnellstraße verbindet die Stadt mit dem rund 30 Kilometer entfernten Griechenland. Bei einer Stadt mitten in den Bergen mag man an Outdoor-Erlebnisse, deftiges Essen und Ruhe denken. Korça bietet das und Promenaden, Grünflächen und viel Kultur, die mit der bewegenden Geschichte der kleinen Stadt zusammenhängt.

HÄTTEN SIE'S GEWUSST?

Qark (albanisch: »qarku«) ist eine Verwaltungseinheit. Insgesamt gibt es zwölf Qarks in Albanien. Dabei wählen die Bürgermeisterinnen und Bürgermeister aller Gemeinden des jeweiligen Qarks und weitere Gemeinderäte den Vorsitz ihres sogenannten Qark-Rates.

MIK: Das Internationale Musikfestival Korça

Das Programm beginnt um 19 Uhr im Hotel Hani I Elbasanit. Wir treten in den restaurierten kopfsteingepflasterten Innenhof mit Säulen, über uns dunkle Holzbalkone. Früher war hier ein alter Basar, jetzt tummeln sich Fotografen und Gäste – Touristen, Freunde und Bekannte der Künstler und

Mit Applaus und Blumen endet ein Abend beim Internationalen Musikfestival in »Petit Paris«, wie Korça auch gerne genannt wird.

Künstlerinnen des Festivals, von denen ich die meisten kenne. Ich bin aufgeregt und freue mich über das Wiedersehen.

Wir warten auf die Jazzsängerin Elina Duni, die den Abend gestalten wird, eine sogenannte »Recital Soiree«. Elina tritt auf die Bühne, begleitet von einem italienischen Gitarristen. Sie singt und schlägt das Def, ein volkstümliches rundes Instrument aus Holz, mit einer dünnen Tierhaut bespannt und Metallplättchen an den Seiten. Damit erzeugt sie Klänge und präzisiert den Rhythmus. Elina nimmt mich mit, wie sie Spannung aufbaut mit ihrer wunderschönen Musik in der vertrauten Atmosphäre, ich fühle mich mittendrin und dennoch frei im Innenhof.

Danach folgt um 21 Uhr das zweite Konzert am Pazari i Korçës (deutsch: Basar von Korça). Auf dem großen Platz steht eine kleine Bühne, drum herum Geschäfte und Cafés. Eine griechische Künstlerin singt klassische Musik, meine albanische Freundin Ledina Celo gibt albanische Popmusik zum Besten. Der albanische Ballerino Ilir Shaqiri, der bei Big Brother gewonnen hat, tanzt mit seiner italienisch-albanischen Tanzgruppe. Um Mitternacht kehren wir zum Innenhof zurück. Drei

Leute singen spontan Serenaden-Songs, begleitet von der Akustikgitarre. Normalerweise hat jede Region ihren eigenen Musikstil. Doch die traditionellen Serenaden aus Korça werden bei Abenden mit Freunden im Café, bei Festen und Hochzeiten in ganz Albanien gesungen. Es sind leichte, monotone und ruhige Lieder, die von der Schönheit der Frauen erzählen und uns heute bis um zwei Uhr morgens feiern lassen.

Am nächsten Tag fahren wir mit einem Boot zur geschützten Insel Maligrad, die im Prespasee liegt, im Dreiländereck Albanien, Griechenland, Nordmazedonien. Auf Maligrad wandern wir auf einen Hügel, vorbei an Feigenbäumen, bis wir eine Höhle erreichen, in der sich die Kirche der Heiligen Maria befindet, die 1369 vom adeligen Kesar Novak erbaut wurde. Ein griechischer Künstler spielt Harfe, die in Paris lebende albanische Künstlerin Juliana Laska Cello.

> *Mich berührt es, diese empfindlichen Instrumente in der Höhle zu hören und ich denke an die Reise, die sie dafür zurückgelegt haben.*

Die Akustik ist fantastisch, ich fühle ich mich wie auf einem anderen Planeten.

Danach findet die Abschlussfeier im Museum von Sterjo Spasse statt, einem albanischen Schriftsteller. Frauen vom Dorf kochen für uns *Lakror*, eine Art Börek, sowie eingelegtes Gemüse und Rindfleisch – das am häufigsten verwendete Fleisch in Korça. Sogar zum Frühstück wird *Trahana* empfohlen, ein Gericht aus Mehl, Joghurt und fermentiertem Rindfleisch.

Besuch im Bildungsmuseum

Wir besuchen das Bildungsmuseum, das sich im Gebäude der ersten albanischen Schule namens Mësonjëtorja (deutsch: Lernen) befindet. Warum die erste albanische Schule so bedeutend ist, zeigt uns ein Blick auf die Geschichte der osmanischen Herrschaft in Albanien.

Geschichte: Herrschaft der Osmanen

Das Osmanische Reich war das Herrschaftsgebiet der Dynastie der Osmanen von circa 1299 bis 1922. Hauptstadt war erst Bursa, ab 1368 Adrianopel, ab 1453 Konstantinopel. Im 17. Jahrhundert erstreckte es sich von Kleinasien und dem von den Türken als Rumelien bezeichneten europäischen Teil der Balkanhalbinsel nordwärts bis zum Schwarzen Meer und dessen Nebenmeer, dem Asowschen Meer, sowie westwärts bis nach Südeuropa. Die Osmanen drangen Ende des 14. Jahrhunderts in albanische Gebiete vor. In Südalbanien mussten die Fürstentümer und Feudalherren bereits zu Beginn des 15. Jahrhunderts die Herrschaft des Sultans anerkennen. Der Großteil der albanischen Bevölkerung trat aus Überzeugung, unter Zwang oder wegen gesellschaftlicher und ökonomischer Vorteile zum Islam über. Einige Albaner machten Karriere in der osmanischen Verwaltung und im Heer, was für christliche Untertanen des Sultans unmöglich war. Im 17. Jahrhundert waren Muslime in der Mehrheit, die mit Steuerzahlungen und militärisch der osmanischen Zentralverwaltung dienten. Ab dem 18. Jahrhundert bis zum Ende der Balkankriege verliert das Osmanische Reich durch Auseinandersetzungen mit den europäischen Großmächten und nationale Unabhängigkeitsbestrebungen bis auf den heutigen europäischen Teil der Türkei alle Gebiete auf dem Balkan an Serbien, Bulgarien, Griechenland und Albanien, wo ab 1906 albanische Patrioten für die Befreiung ihres Landes kämpften.

Die erste albanische Schule während der Herrschaft der Osmanen

Im Jahr 1885 erlaubte der Sultan dem Beamten des Bildungsministeriums, Naim Frashëri, und anderen einflussreichen Leuten, eine private albanische Volksschule für Jungen in Korça zu eröffnen. Davor fand der Unterricht in albanischer Sprache privat und im Geheimen statt. Der Tag, an dem die Schule eröffnet wurde, der 7. März 1887, wird seitdem in Albanien als »Tag der Lehrerinnen und Lehrer« gefeiert.

Vier Jahre später wurde auch die erste albanische Mädchenschule eröffnet. Diese Schulen waren wichtig für die kulturelle und emotionale Verbundenheit zu Albanien und Teil der albanischen Nationalbewegung »Rilindja«, deren Ziel die Unabhängigkeit des Landes ist.

Im 19. und zu Beginn des 20. Jahrhunderts war Korça ein wichtiges Zentrum dieser albanischen Nationalbewegung, die auf andere südeuropäische Staatsgründungen folgte. Es war schwierig, der osmanischen eine albanische Identität entgegenzusetzen, denn das Leben spielte sich in patriarchalisch strukturierten Familienverbänden und Stämmen ab und weniger in der Öffentlichkeit. Die Volksschule für Jungen wurde finanziell von der Diaspora-Organisation »Drita« (deutsch: Das Licht) unterstützt, die ihren Sitz in Bukarest hatte. Die pro-patriarchalische Partei in Korça beschuldigte die Verantwortlichen der Schule, diese Gelder für Komita-Guerillabanden gegen die osmanische Herrschaft zu sammeln. Die Frashëri-Brüder und andere verfassten Lehrbücher in albanischer Sprache und in Konstantinopel befürchtete man, dass das Nationalbewusstsein in Albanien wächst und zu einer orthodoxen albanischen Kirche führt. Obwohl die osmanischen Behörden den Besuch der Schule nur christlichen Kindern erlaubten, wurden in Albanien auch muslimische Kinder unterrichtet, für deren Eltern der Druck stieg – die Anzahl der Schülerinnen und Schüler sank. Bis 1902 wurde in der Schule noch unterrichtet, zuletzt mit den Lehrern Leonidis und Naum Naça, die von den osmanischen Behörden verhaftet und zu Verrätern erklärt wurden.

Die erste säkulare Schule von Korça ist heute ein Museum.

Wie es mit der Schule weiterging

Wir erfahren von der jungen Frau Shirli, wie es weiterging. »Die Schule wurde dann von den Osmanen als Gefängnis genutzt. Später haben sie die Griechen übernommen und am Ende gewannen die Albaner.« Wir gehen zu einer Wand mit Namen von Personen, die Gegenstände für die Schule gespendet haben. Im nächsten Raum stehen ein überdimensionaler Schultisch und eine riesige Schulbank, die fast das ganze Zimmer einnehmen. Sie veranschaulichen die Erinnerung eines Schülers, dem an seinen ersten Schultag alle Gegenstände wie eine gigantische Masse vorkamen. Es drücke aus, wie klein wir vor dem Wissen sind, erklärt Shirli. Auf einem Bild sehen wir Schuldirektor Petro Nini Luarasi, der von den Osmanen niedergedrückt wird. Luarasi war ein albanischer Rilindja-Aktivist, christlich-orthodoxer Priester, Lehrer, Journalist und Delegierter des Kongresses von Monastir, auf dem 1908 die Schaffung des albanischen Alphabets genehmigt wurde. Es wird angenommen, dass Luarasi von einem orthodoxen Geistlichen vergiftet wurde, der mit der osmanischen Verwaltung zusammenarbeitete. Nach seinem Tod wurde ihm von der albanischen Regierung der Titel »Volkslehrer« sowie der Orden der albanischen Nation verliehen. Wir treten auf den Balkon, auf den damals der Direktor gegangen ist, damit die Schülerinnen und Schüler drinnen mehr Platz hatten. Heute erinnert eine Gravur an seinen berühmten Satz: »Du kannst mich töten, aber sammle mein Blut, weil du deine Enkelkinder brauchst, um die albanische Sprache zu schreiben.«

Auswanderung und Besatzung Korças

Zehn Jahre nach der Schulschließung und der albanischen Unabhängigkeit beanspruchte Griechenland 1912 zu Beginn des Balkankrieges Korça für sich. Es herrschten bürgerkriegsähnliche Zustände, viele wanderten in die USA aus. Im Zweiten Weltkrieg wurde Korça von italienischen Gruppen besetzt, anschließend von griechischen und dann von der deutschen Wehrmacht. 1944 befreiten albanische Partisanen Korça. Die Besatzung der Stadt durch unterschiedliche Nationen führte zu einem außergewöhnlichen Kulturleben in Korça.

Spaziergang durch Korça & Umgebung mit Blick in die Geschichte

Der Direktor der Kulturdenkmäler Gjergi Koki, schwarzes Haar, freundliches Lächeln, begleitet uns durch Korça. Es ist viel los in der Stadt mit ihren beinahe 76 000 Einwohnern nach dem Zensus (2011) des albanischen Statistikinstituts. Wobei unterschiedliche Quellen unterschiedliche Zahlen nennen und die Angabe, wie so oft in Albanien, über zehn Jahre alt ist.

Die Architektur ist von Korças Geschichte geprägt. Im 19. Jahrhundert war die Stadt ein überregionales wichtiges Handelszentrum mit engen Verbindungen zu Mitteleuropa und den USA, aus denen viele vermögende, ehemals Ausgewanderte wieder zurückkehrten. In der florierenden Stadt entstanden Wohnhäuser im Stil der Gründerzeit, also der Zeit der Gründung des Deutschen Reiches und der einsetzenden Industrialisierung, Häuser, wie sie auch in Deutschland und Österreich verbreitet waren. Selbst in den Nebenstraßen stehen zahlreiche dieser Villen mit ihren Vorgärten. Wir spazieren im Zentrum über breite Straßenzüge und enge Gassen zum alten Basar, dem historischen Viertel aus der osmanischen Ära, der heute ein idealer Ort zum Café-Hopping ist. Früher besaßen die zwei- bis dreistöckigen Gebäude im Erdgeschoss Läden und Werkstätten und darüber Unterkünfte für die Karawanen.

In der Stadt leben mehrheitlich orthodoxe Christen und in der ländlichen Umgebung sunnitische Muslime. Korça ist auch heute noch ein wichtiger Bildungsstandort in Albanien. In der Straße Bulevardi Rilindasit befindet sich die Universität Korça Fan S. Noli für die Studienfächer Agrarwissenschaft, Erziehungswissenschaft und Wirtschaftswissenschaft, die 1992 gegründet wurde. Seit 2017 gilt sie zusammen mit der Medizinischen Universität Tirana laut der unabhängigen staatlichen Qualitätssicherungsagentur der Hochschulen als die beste öffentliche Universität Albaniens. Außerdem besitzt Korça eine der landesweit bekanntesten Kunstschulen, das Gymnasium Tefta Tashko Koço, das eine musikalische Ausbildung bietet.

Kulturdirektor Gjergi Koki führt uns zur paläochristlichen Kirche, die zwischen Hügeln im Dorf Mborje liegt, einem Vorort von Korça. Sie

Der alte Basar aus osmanischer Zeit ist heute vor allem ein Ausgehviertel mit Cafés, Bars und Restaurants und nicht nur bei den Einheimischen beliebt.

ist eine der ältesten Kirchen der Region aus der byzantinischen Zeit. Reisende aus Polen, aus Tschechien, Bulgarien und Griechenland bestaunen die gut erhaltene kleine Kirche mit ihren dicken Wänden und Fresken.

Mittelalterliche Kunst im Nationalmuseum

Wir besuchen das Nationalmuseum für mittelalterliche Kunst, das erstmals in den 1980er-Jahren in einer alten Kirche eröffnet wurde, die weder die Größe noch sonstige Kriterien für ein Museum hatte und für die Elite bestimmt war. Kostika, ein junger Mann, führt uns zu den Ikonen von Onufri, einem der ersten Künstler des Mittelalters. Seine gemalten Berggipfel wirken wie unzählige Fenster aus einem digitalen Programm der heutigen Zeit. Kostika zeigt auf eine wichtige Ikone, darauf ein Engel in Militärkleidung mit einem Schwert, einem schmalen Gesicht, Locken und hochgezogenen Augenbrauen und erklärt: »Die Militärkleidung bedeutet, dass der Engel Befehlshaber des Himmels und der Erde ist. Es sind männliche und weibliche Merkmale vermischt, da der Erzengel Michael und alle anderen Engel geschlechtslos sind.«

> *Das Besondere an diesem Meisterwerk ist, dass die Ikone aus nur einer Holzplatte besteht.*

Normalerweise bilden zwei oder drei Holzplatten eine Ikone. Dafür wird das Herz des Baumstammes verwendet. Diese Ikone war verdreckt und Teil der Tür eines Bauernhofs, bis sie ein Archäologe entdeckte. Die Ikone stamme aus der byzantinischen Zeit aus dem 14. Jahrhundert aus dem Dorf Mborje i Korce. Sie sei je zweimal im Louvre und Versailles ausgestellt gewesen und von Kunstkritikern als »Mona Lisa des Balkans« bezeichnet worden. Als wir weitergehen, sagt Kostika: »Bei den Ikonen symbolisiert das Gold das Licht des Himmels. Es gibt keinen Schatten, da davon ausgegangen wird, dass das Licht 360 Grad scheint. Offene Münder sind nie zu sehen, da der Mund nicht sprechen sollte, bevor der Verstand die Gedanken verarbeitet hat.«

HOW TO BECOME AN ALBANIAN

Auf Albanisch heißt »Guten Morgen« »Mirmengjes«. Sonst geht auch »C'kemi«, das »hallo« bedeutet. Die nächsten Schritte wären: »Wie geht's?« – »Si jeni?« und »Danke, gut.« – »Mire, faleminderit.« Falls Sie sehr informell unterwegs sind, können Sie »C'kemi?« als Frage nutzen, dann heißt es in etwa: »What's up?« Und man antwortet mit »hic« – »gut«.

Eine Bio-Bierprobe

Am nächsten Tag fahren wir zur Bierfabrik Birra Korça, die am Rand von Korça liegt. Vor dem roten Backsteingebäude stehen ein Kupfer-Deko-Fass und Viktor Ljarja, der uns begrüßt. Er ist Chemiker und für den Herstellungsprozess des Bieres verantwortlich. Ljarja führt uns durch die Fabrik. In den Produktionshallen dringt durch Fenster Licht auf große Aluminiummaschinen. Es riecht nach Hefe und frischem Aroma. »Was macht Birra Korça aus?«, frage ich. »Es bleibt ein traditioneller Familienbetrieb mit gleicher Qualität und 100 Prozent Bio-Produktion, obwohl die Herstellung industrialisiert ist«, sagt Viktor Ljarja. Auf dem Weg durch die Hallen erfahren wir mehr: Korça-Bier wird hergestellt, indem gemahlener Weizen mit Wasser gemischt und anschließend gefiltert wird, bis restliche Hefezellen und Trübstoffe entfernt sind und das Ergebnis flüssig ist. Wir stehen vor dem großen Hauptkessel und Ljarja erklärt: Bei diesem Boiler werde Öl hinzugefügt, um das Bier bei 95 Grad Celsius zu kochen und zu reinigen.

HOW TO BECOME AN ALBANIAN

»Ein Bier, bitte.« heißt auf Albanisch »Te lutem nje birre.«

Dann führt uns Chemiker Ljarja zu den größten Fässern, die ich je gesehen habe. In drei bis vier Meter hohen Zylindern ist das fertige Bier, das Ljarja uns zapft. Das Korça-Bier ist Charlies erstes (soweit ich weiß) und mein Lieblingsbier. Es ist ein leichtes Bier.

Das Korça-Bier ist neben dem Tirana-Bier eines der beliebtesten Biere in Albanien. Jedes Jahr im August feiert Korça ein Bierfest – das Oktoberfest Albaniens. Dafür kommen viele Gäste aus Albanien und dem Ausland. Gewohnt schick, aber nicht in Dirndl und Lederhosen. Dafür füllt sich der alte Basar von Korça mit Bierbänken und es wird viel Bier getrunken. In Albanien wird Alkohol generell eher in Maßen konsumiert. Unter der Woche nimmt man abends im Café einen Espresso, ein italienisches Lemon Soda oder ein Bier, meist nicht mehr.

> *Korça packt uns, sodass wir die Zeit aus dem Blick verlieren.*

Wir gehen mit Koffern auf der Hauptstraße Richtung Busstation und hoffen vergeblich auf einen Mikro-Bus, der uns dorthin bringt, damit wir den letzten Bus nach Tirana erwischen. Dann erfahren wir von inoffiziellen Taxis, die vor einem Hotel stehen sollen. Wir zahlen 20 Euro pro Person, erreichen um 22 Uhr die Hauptstadt und Elinas Konzert klingt bei mir nach. Unsere Lebenszeit rennt, Erlebnisse vermischen sich, doch an gute Konzerte werden wir uns immer erinnern.

Was und wo?

MIK: Internationales Musikfestival Korça

MIK steht für internationales Musikfestival Korça, gleichzeitig heißt »mik« Freund auf Albanisch, denn Direktorin Inva Mula, ein Opernweltstar, möchte, dass sich Gäste und Künstler durch das Festival anfreunden.

Das MIK findet jährlich in der letzten Juliwoche statt, dauert fünf Tage und bietet ein vielfältiges Musikprogramm mit albanischen und internationalen Interpreten an spannenden Locations.

- Korça
  www.facebook.com/mikfestival

Nationales Bildungsmuseum (Muzeu Kombëtar i Arsimit)

Das Museum befindet sich im Stadtzentrum von Korça in dem Gebäude, in dem 1887 die erste albanische nicht-kirchliche Schule eröffnet wurde. Es gibt einen guten Überblick über die Anfänge des Schulwesens in Albanien und der Lehre der albanischen Sprache, die sich erst in den 1880er-Jahren als Landes- und Schriftsprache durchsetzte.

- Bulevardi Shën Gjergji, Korça
  www.facebook.com/MuzeuiArsimit

Nationalmuseum für mittelalterliche Kunst (Muzeu Kombëtar i Artit Mesjetar)

Das Nationalmuseum befindet sich östlich von der Auferstehungskathedrale in einer ehemaligen Kirche. Es zeigt mittelalterliche Kunst und religiöse Fragmente wie Ikonen und Architekturelemente mit Schwerpunkt auf das 16. Jahrhundert und den Künstler Onufri und seinen Sohn Nikolla. Das Museum besitzt fast 8000 Objekte, davon sind 7000 Ikonen.

- Bulevardi Fan Noli 59, Korça
  www.muzeumesjetar.gov.al

Brauerei Birra Korça

Die Brauerei liegt am Fuße des Morava Berges und wurde 1928 von einem italienischen Designer auf Anordnung des damaligen Parlaments und mit Genehmigung von König Zogu entworfen. Der deutsche Ingenieur Hebard Geraldine entwickelte das technologische Verfahren zur Bierherstellung, das bis heute angewandt wird. 1960 betrug die Produktion bereits 52 Millionen Liter Bier pro Jahr und wurde danach weiter gesteigert. In der Brauerei finden Führungen statt. Es gibt eine Lounge, ein Restaurant mit traditionellem Essen,

einem Innenbereich sowie einem Biergarten. Die Brauerei hat einen modernen Internetauftritt auf Englisch. Auf der Webseite können Sie die Fabrik virtuell besuchen. Hier wird vor Ihren Augen frisches Bier gezapft!
- Blv. Fan Noli, Korça
  www.birrakorca.com.al/en

Im Biergarten der Brauerei Birra Korça

Paläochristliche Kirche (Kisha e Ristozit)

Die kleine Kirche ist eine der ältesten Kirchen auf dem Balkan mit Fresken, byzantinischem Bauwerk und einem schönen Ausblick auf Korça. Am besten orientieren Sie sich nach Straßenschildern zum Dorf Mborje, in dem sich die Kirche befindet.
- Rruga Pavllo Sholla, JR43+8R4, Mborje

Maligrad

Maligrad ist eine kleine Insel im Prespasee mit vielen Höhlen und einer Klippe. Trotz des sandigen und felsigen Gebiets gibt es verschiedene Baumarten und eine große Artenvielfalt. Die Kirche der Heiligen Maria befindet sich in einer Höhle. Touren können online über verschiedene Anbieter gebucht werden.

TIPPS

KUNST & KULTUR

Museum Gjon Mili
Modernes Kunstmuseum in einem gelben Eckhaus, das nicht zu übersehen ist und die Arbeit des großartigen Künstlers Gjon Mili zeigt. Hier blicken Sie durch Milis Linse in das Leben von berühmten Persönlichkeiten aus Politik, Kunst und Film. Gjon Mili hat die fotografische Verwendung des Stroboskops erfunden, ein Gerät, das Lichtblitze in regelmäßigen zeitlichen Abständen abgibt, sodass eine Abfolge von Aktionen in einem einzigen Foto festgehalten werden kann. Im Museum können Sie sich selbst mit Milis Methode aufnehmen und seine Fotografien als Souvenir kaufen.

- JQ8H+MMX, Rruga Konferenca e Pezës, Korça
  www.facebook.com/Muzeu-i-Fotografisë-Gjon-Mili-546574829199318

Mirahor-Moschee (Xhamia e Iljaz Bej Mirahorit)
Iljaz Bej Mirahori, albanischer Militärkommandant des Osmanischen Reiches, widmete sein Leben dem Kampf des Sultans Murad II gegen Skanderbeg und die Aufständischen. Während der Herrschaft des Sultans baute er Korça zum Kulturzentrum aus und die erste Moschee. Diese wurde 1494 eröffnet und ist die älteste Einkuppelmoschee Albaniens. Iljaz Bej Mirahori wurde als Sklave verschleppt, kehrte nach Korça zurück, daher steht die Moschee auch für die Neugründung der Stadt. Neben der Kirche wurde der Uhrturm wieder errichtet, der durch das Erdbeben 1960 zerstört worden war.

- Xhamia e Mirahorit, Rruga Floresha Myteveli 12, Korça
  www.discoverkorca.al/listing/xhamia-e-iljaz-bej-mirahorit

Auferstehungskathedrale (Katedralja Ngjallja e Krishtit)
Schon von Weitem ist der imposante Kuppelbau mit seinen beiden Türmen sichtbar – und angeblich das größte Gotteshaus Albaniens. Die Kathedrale liegt am Ende des mit Linden angelegten Bulevardi Republika, Zentrum des Geschäftslebens. Menschen flanieren heute wie damals auf dem großen Platz vor der Kathedrale vorbei an Cafés und Restaurants.

- JQ8J+879, Korça
  www.discoverkorca.al/listing/katedralja-ortodokseringjallja-e-krishtit

ESSEN & TRINKEN

Findfour
Im Findfour gibt es leckere Pizza, Pasta und Wein. Drinnen sitzen Sie zwischen Backsteinen, draußen auf einer Terrasse.

Geburtshaus und Museum des Fotografen Gjon Mili

- Bulevard Republika Nr. 30, Korça
  www.instagram.com/findfour

Vila Cofiel
Authentische Küche aus der Region im rustikalen Ambiente, die relativ günstig ist im Vergleich zu den Preisen an den Stränden. Drinnen geschmückte Wände und Berghüttenfeeling. Der Raki ist spitze, manchmal gibt es Livemusik.
- Avni Rustemi 39, Korça
  www.facebook.com/vilacofiel11

UNTERKÜNFTE

Hotel Bujtina e Bardhe
In dem authentischen Hotel ist überall Holz, selbst an den Decken. Die Zimmer haben eine schöne Ausstattung mit traditionellen Teppichen. Es gibt viele Anfragen, daher frühzeitig buchen.
- Rruga Spiro Ballkameni, Korça
  www.facebook.com/BujtinaeBardhe

Meri Boutique Hotel
Zentrales Hotel mit einer einladenden Atmosphäre und einem schönen Mix aus antik und modern. Gutes Preis-Leistungs-Verhältnis und leckeres Frühstück. Die Zimmer sind gemütlich und gut ausgestattet.

- Rruga 29 Nentori, Korça
  www.meri-boutique.koahotel.com

AUSFLÜGE

Nationalpark Drenova (Parku Kombëtar i Bredhit të Drenovës)
Der Nationalpark liegt im gleichnamigen Dorf rund zehn Kilometer südlich der Stadt. Im 1380 Hektar großen Waldgebiet sind viele Trinkwasserquellen, es soll Braunbären geben. Bekannt ist die Felsformation Gur i Capit.
- HR8G+F5H, Drenovë Municipality
  www.facebook.com/AKZM.GOV.AL

Bunkerkirche im Dorf Lin
Auf dem Weg von Korça nach Tirana passieren Sie das Dorf Lin, das am Ohridsee auf einer Halbinsel liegt. Wir hörten davon, dass es hier eine Bunkerkirche gibt.

Zwei schöne Aussichtspunkte
Korças Hausberg Mali i Moraves und die Gedenkstätte Varrezat e Dëshmorëvë e Kombit bieten ein tolles Panorama über die Stadt und die Berge. Steile Treppenstufen führen von der Innenstadt bis zu einer Straße, die zur Gedenkstätte führt.
- Gedenkstätte: JQ9Q+HRM, Rruga e Elbasanit, Korça

Ich wandle über Ruinen und Säulenfragmente im archäologischen Park von Apollonia.

3

Die Ruinenstätten: Zeugen der Vergangenheit

Statuen-Kunde, eine Stadt, die dreimal gebaut wurde (davon einmal 30 Meter unter der Erde), und ein Weingut mit Toskana-Feeling.

Apollonia – die Toskana der Antike

Apollonia, wo der römische Kaiser Augustus Philosophie studierte, liegt auf einem hügeligen Plateau, von dem aus sich die fruchtbare Ebene von Musacchia mit dem Adriatischen Meer und den Hügeln von Mallakastra erstreckt. Apollonia entwickelte sich zu einer der bedeutendsten Städte des adriatischen Beckens und wurde in der Antike häufiger als die anderen dreißig Städte gleichen Namens erwähnt. Die Ruinenstätte liegt mit ihrem byzantinischen Kloster in Mittelalbanien im Dorf Pojan im Qark Fier in einer der Toskana ähnelnden Landschaft.

Mein Lieblingsbaum ist der Olivenbaum. Er hat so viel Lebenskraft und eine wunderschöne Form. Auf dem Weg nach Apollonia fahren wir durch Hügel und Olivenhaine. So bin ich aufgewachsen. Dann schlängeln wir uns auf einem Pfad zu der geschichtsträchtigen Stadt.

Apollonia war eine antike griechische Kolonie und ehemalige illyrische Bischofsstadt am rechten Ufer des heutigen Flusses Vjosa. Der Überlieferung nach wurde sie in der ersten Hälfte des 6. Jahrhunderts v. Chr. von Siedlern aus Korfu und Korinth gegründet unter der Führung von Gylax, der sie nach seinem Namen Gylakeia benannte. Wenig später änderte die Stadt ihren Namen nach der mächtigen Gottheit Apollon. Damals war sie als »Apollonia von Illyrien« bekannt und lag auf dem Gebiet der politischen Gemeinschaft der Taulantier. Hier lebten Nachkommen der griechischen Kolonisten, welche die Stadt kontrollierten und über die Mehrheit der Illyrer herrschten. Daher analysierte Aristoteles in Apollonia das politische System der Oligarchie. Apollonia war Schwerpunkt für die Schulen der Philosophie und der *Oratio* (deutsch: Rede).

Seit 229 v. Chr. stand die Stadt unter römischem Schutz und war die wichtigste Basis der Römer auf der Balkaninsel in den Kriegen gegen Makedonien. In Apollonia selbst gab es keine Kriege. Durch eine Vereinbarung mit Cäsar konnte die Stadt unabhängig bleiben, wobei sonst

Das Kloster der Heiligen Maria beherbergt das Archäologische Museum und seine Ausgrabungsstücke.

Illyrer und Römer Einfluss hatten. Damals lebten hier etwa 60 000 Menschen. Apollonia war neben Cäsar auch dem römischen Kaiser Augustus wohlgesonnen, wurde freie Handelsstadt und musste keine Steuern mehr nach Rom zahlen. So blühte die Stadt auf mit Landwirtschaft und dem Export von beispielsweise Töpferwaren. Der Ruhm zog viele Persönlichkeiten der antiken Welt an, wie den bedeutenden römischen Philosophen und Redner Cicero, der Apollonia als eine große und bedeutende Stadt bezeichnete. Damals gab es Schiffsverkehr auf dem Fluss, Apollonia war eine wichtige Hafenstadt und die Gegend war fruchtbar. Bis im 4. Jahrhundert ein Erdbeben den Flusslauf veränderte und der Hafen verlandete. Nach einer langen Periode des Aufschwungs verfiel Apollonia bis zu seiner völligen Aufgabe im Mittelalter. Die Ruinen wurden Anfang des 19. Jahrhunderts entdeckt.

Treffen mit der Direktorin des Archäologischen Museums

Wir wollen mehr über das Leben in und die Forschungsgeschichte von Apollonia erfahren und treffen uns mit Ornela Durmishaj, der Direktorin des Archäologischen Museums, obwohl mir heute unsere intensiven Recherchetage der letzten Wochen in den Knochen stecken. Im Archäologischen Park von Apollonia begrüßt uns Frau Durmishaj in einem grauen Kleid mit weißem Hut, aus dem ihr orangefarbenes Haar schaut.

Frau Durmishaj, wie war das Leben hier damals?
Es war ein großes Terrain, das man als Metropole bezeichnen kann. Die Organisation in den Siedlungen war perfekt. Innerhalb der Festungsmauern der Stadt gibt es verschiedene Bereiche: das öffentliche Zentrum, den Wohnbereich, die Akropolis und den Tempelbereich. Verschiedene Tore, die zur Kontrolle und Organisation dienten, ermöglichten auch die Interaktion zwischen dem Bereich außerhalb der Stadtmauern und dem Inneren.

Was fasziniert Sie persönlich an Apollonia?
Mich fasziniert die Konstruktion und Organisation des öffentlichen Raums und auch des sozialen Lebens.

Wie meinen Sie das? Welchen Sinn ergibt es?
Apollonia hat heute die gleiche Größe wie damals, der Aufbau ist also der gleiche. Es hat sich nichts verändert außer der inneren Schönheit dieser Seele. Wir sind heute eine schlechte Kopie von damals – wir haben das demokratische System etc., aber es gibt keine Demokratie mehr. Damals waren alle verpflichtet, etwas zur Gemeinschaft beizutragen. Alle Führungspersönlichkeiten haben in der Gemeinschaft funktioniert – jeder Funktionär sollte auch Einwohner sein. Die Wahlen fanden ein- bis zweimal im Jahr statt, das macht viel aus. Es haben immer die Aristokraten geführt, aber die Ausgewählten vom Volk waren die Intellektuellen. Und im Vergleich zu heute war die Kunst schön, sie war perfekt, jedes Detail wurde genau erdacht.

Die ersten größeren Ausgrabungen nahmen die österreichischen Wissenschaftler Carl Patsch and Camillo Praschniker vor. Der größte Teil der Funde ist in Wien. Sollen diese je wieder zurückgebracht werden?

Es sind die ersten archäologischen Funde, die damals mitgenommen und nicht gestohlen wurden. Dennoch: Die Objekte gehören zu einem Ort, denn da entsteht die Geschichte. Alle Gegenstände müssen zurück. Im Moment wird allerdings nicht diskutiert, ob die Funde zurückgebracht werden. Die Österreicher haben uns die Fotokopie eines Objekts für unser Museum geschickt, das jetzt auf einem Poster aufgehängt hier ausgestellt wird.

Erst im Laufe der Zeit und mit mehreren Ausgrabungen wurde die Größe des Ortes klar. Was war die wichtigste Ausgrabung Ihrer persönlichen Meinung nach?

Das ist die vom französischen Archäologen Léon Rey, der 1924 bis 1939 die Stadt entdeckt hat.

Die Direktorin führt uns durch den Archäologischen Park von Apollonia. Wir starten bei Kloster und Kirche St. Maria. Außen graue und ockerfarbene Steine und Säulen, innen Säulen auf Steinböden, es ist hell, obwohl es kaum Fenster gibt. Wir sitzen auf Holzbänken. »Diese Kirche stammt aus den 1950er-Jahren«, erklärt Durmishaj. Sie sei im Ersten Weltkrieg verbrannt und danach wiederaufgebaut worden. Nur die farbigen Gemälde seien von damals, eine mit Ikonen geschmückte Wand, fast raumhoch im Kirchenschiff. Früher hätte es viele Fresken gegeben, heute sei nur noch die runde Wandmalerei am Dach erhalten.

Danach spazieren wir in den Gang mit Exponaten. »Das ist die schönste Stelle, die von Apollonia entdeckt wurde«, sagt die Direktorin, als wir an einem Plakat der Österreicher vorbeigehen. Darauf sind Erzengel und Blumen auf Stein abgebildet. Wir bewegen uns weiter unter Säulen. »So ist man auch früher spazieren gegangen«, erklärt Frau Durmishaj. Damals gab es ein bis zwei Stockwerke. Das jetzige offene Gebäude wurde gebaut, damit man die Epochen durchleben kann. Wir entdecken neben uns Löwen aus Stein. »Die kamen auf die Gräber«, erklärt die Direktorin.

> *»Je reicher man war, desto mehr Löwen bekam man.«*

Spaziergang durch den Archäologischen Park

Das Archäologische Museum ist wenige Schritte von den Statuen entfernt. Wenn man aus dem ersten Stock des Museums blickt, glaubt man sich in der Toskana. »Die es gebaut haben, wussten, wo«, sagt unser Fahrer David und wir blicken auf Pinien, Felder, Steine, weiche Hügel und den Horizont. Das Museum befindet sich in einem mittelalterlichen Kloster aus dem späten 12. Jahrhundert und wurde 1957 gegründet. Die Exponate sind chronologisch angeordnet, darunter etwa 1000 Originalobjekte von der Prähistorie bis zum Niedergang der Stadt. Es gibt Geschirr, Schmuck, Werkzeuge sowie architektonische Elemente und Skulpturen. Ein Mann, er heißt Rapid Schinder und ist Gärtner, führt

Abbildungen von Ausgrabungsstücken, deren Originale sich heute in Wien befinden

HÄTTEN SIE'S GEWUSST?

Darum wurden Köpfe von Statuen ausgetauscht
Direktorin Durmishaj führt uns zu den »zwei wichtigsten Damen des Hauses«, die Damen der Aristokratie. Wir stehen vor zwei Statuen. »Rechts mit Kopf«, sagt sie und zeigt auf die Marmorstatue aus dem 2. bis 3. Jahrhundert n. Chr. Allerdings sehe ich keinen Kopf, nur einen Körper mit abgeschnittenem Hals und einem Gewand, das rechts zusammengeknotet ist und viele Falten wirft. Der Kopf befinde sich im Körper, erklärt sie. »Links ohne Kopf, beweglich«, sagt Durmishaj und zeigt auf eine ähnlich aussehende Statue. Hier sieht man eine Art Loch, wo normalerweise der Hals ist. Eine Statue sei eine kostspielige Sache, erkärt Durmishaj. Wenn jemand stirbt, wird der Kopf einfach ausgetauscht. Ich sehe deutlich, dass bei der Statue mit zwei getrennten Teilen gearbeitet wurde, sodass der Kopf zu einem späteren Zeitpunkt angebracht werden konnte.

uns zu einem großen, grün-schwarzen illyrischen Schutzschild aus Kupfer aus dem 4. Jahrhundert v. Chr. Er erzählt, dass es in 8000 Stücke zerlegt gewesen sei. »Es wurde vom besten Restaurator des Landes in 20 Jahren Arbeit wieder zusammengesetzt«, sagt er stolz.

Wir spazieren zur Ausgrabungsstelle, die nur wenige Gehminuten vom Museum entfernt liegt, vorbei an hohen, schmalen Zypressen. Kaum eine Wolke am Himmel, es ist heiß. Wir sehen mehrere zusammenhängende Säulen, zu denen Treppen führen, der Grundriss ist noch erkennbar, das sogenannte »Buleuterion« erinnert an Rom. Früher fanden hier Versammlungen des Stadtrates statt. Es soll noch ein charmantes Café am Hügel geben, doch davon weiß ich nichts und möchte auch nichts wissen, denn ich will zum Theater. Ich gehe schnell, vorbei an der ehemaligen Bibliothek, an Geschäften, am Lagerhaus. Lasse die anderen hinter mir. Die Mitarbeiter vom Museum meinten, es seien 300 Meter zum Theater. Wo ist es? Dann gehe ich bergab, blicke auf Olivenbäume und das Tal und entdecke die vereinzelten Steine des Theaters, dazwischen ist Wiese. Rund 11 000 Plätze habe das Theater von Apollonia, erklärte Durmishaj. Die heutige Oper hat rund 2000 Plätze.

Ich atme die Kunst dieser Steine. Ich bin überwältigt und fange an zu singen: »Lascia ch'io pianga« von Händel – und spaziere über die alten Steine.

Egal, wo du bist, ob in Wien, anderswo, oder hier, du atmest diese besondere Luft, wenn dort Kunst war. Als wir mit dem Auto wieder den Hügel von Apollonia hinunterfahren, wird mir bewusst, dass ich vor lauter Schwelgerei meinen Zahnarzttermin verpasst habe. Mist, ich schreibe ihm schnell. Währenddessen verfährt sich David. Wir bleiben stehen, Warnblinklichter an, ich telefoniere, Davids Handy meldet sich mit einem merkwürdigen patriotischen Klingelton. Später fragt ihn Luisa, woher denn sein Klingelton komme. Er sagt der sei aus dem Film »Zwei Jahre Urlaub«. Darin hätten sich Jugendliche verfahren. Aus zwei Wochen Urlaub wurden zwei Jahre.

Im Buleuterion fanden in der Antike Ratsversammlungen statt.

Was und wo?
Archäologischer Park und Archäologisches Museum Apollonia (Parku Arkeologjik i Apollonise)
Der Archäologische Park von Apollonia ist eine beeindruckende Ausgrabungsstätte mit einem byzantinischen Kloster und einem Archäologischen Museum. In dem weitläufigen Gelände gibt es Tafeln mit Erklärungen auf Englisch, die zeigen, wie die Gebäude einst aussahen. Die Umgebung ist wunderschön und erinnert an die Toskana.
• PFCF+Q4C, Pojan, www.archeoparks-albania.com/html/about.html

Durrës: ehemalige Lieblingsstadt

Früher war Durrës einer meiner Lieblingsorte mit breiten Straßen, Blumen und Bäumen. Am Wochenende bin ich immer von Tirana zu meinem Heimatort Lushnje gefahren. Wenn ich im Zug oder Bus saß, konnte ich es kaum erwarten, die Pinien und das Meer in Durrës zu erreichen. So viele Pinienbäume! Ich habe das Meer durch die Bäume gesehen, den Sonnenaufgang oder Sonnenuntergang. Zu dieser Zeit gab es in Durrës viele Promenaden für den »giro« und nur wenige Hotels. Der Torre Veneziano, die Ruinen, alles war am Meer, es war eine Stadt mit Charme. Heute ist Durrës anders und dennoch lohnenswert.

Wo früher in Durrës Bäume standen, ist jetzt alles bebaut. Heute stehen neben Ruinen mächtige Gebäude, von denen einige ohne Erlaubnis errichtet wurden. Warum lohnt sich dennoch ein Besuch? Durrës ist mit 34 Kilometern nur einen Katzensprung von Tirana entfernt, bietet ein wunderschönes Amphitheater, Ruinen, ein archäologisches Museum, Promenaden, den größten Hafen Albaniens und einen Strand, der nicht mit den Stränden im Süden mithalten kann, jedoch für eine Abkühlung gut ist. Auf der langen Promenade sind Statuen, Palmen und ein Spielplatz, vor allem abends ist es hier belebt. Die aktuelle Regierung will aus Durrës ein Dubai machen. Ich finde, es ist bereits ruiniert: Wenn modern, dann richtig modern, dann haben wir eben ein Mini-Dubai. Immerhin besser als die planlos verstreuten Blocks. Es ist interessant, die Entwicklung zu einer modernen Stadt zu verfolgen, auch wenn diese nicht jedem gefällt. Aber: zurück in die 3000 Jahre alte Stadtgeschichte. Durrës wurde 627 v. Chr. gegründet und ist damit eine der ältesten Städte des Landes. Damals fielen die Korinther und Siedler aus der antiken griechischen Stadt Korkyra auf der Insel Korfu in das illyrische Gebiet des Volkes der Taulantier ein. Es gibt viele archäologische Stätten, darunter das Amphitheater des römischen Kaisers Hadrian, das mit seinen 15 000 Plätzen das zweitgrößte Amphitheater auf dem Balkan ist. Die alte Stadt war von einer Mauer umgeben, von der noch ein Drittel erhalten ist.

Cäsar selbst ging einst auf den antiken Straßen.

Wir besuchen das Archäologische Museum, das im März 1951 von Vangjel Toçi eröffnet wurde, der als Vater der Archäologie in Durrës bekannt ist. Heute befindet sich das Museum auf der Rruga Taulantia. Es wurde 2015 eingeweiht und verfügt über mehr als 2000 Objekte von der Vorgeschichte bis zum 4. Jahrhundert n. Chr. In diesem Museum reisen Sie durch die prähistorische Zeit, hellenistische Zeit sowie Römerzeit. Eda Cerkezi, eine junge Frau, führt uns durch das Museum. Aus der prähistorischen Zeit belegen Bronzespaten und steinerne Hammerköpfe,

Bunte Wandmalereien an Häusern in Durrës

dass Durrës eine der ältesten Städte im Mittelmeerraum ist. Keramikobjekte aus der hellenistischen Zeit zeigen die kulturelle und wirtschaftliche Entwicklung der Stadt. Figuren stellen die Göttin Artemis dar, die zweifach über die Stadt wachte: Als Göttin der Jagd sicherte sie militärischen Schutz und mit dem Schutz der Frauen sorgte sie für den Fortbestand der Stadtbevölkerung. Das Küstenland hat das Museum auch durch Unterwasserfunde bereichert, wie Schiffsanker und Amphoren.

Vor dem Amphitheater treffen wir den Direktor des Archäologischen Museums, Alban Ramohita. »Was macht den Ort so besonders?«, wollen wir wissen, während neben uns ein Foto-Shooting für eine Hochzeit stattfindet und eine deutsche Reisegruppe die Rolle des Fotografen übernimmt. Ramohita: »Die Stadt ist 3000 Jahre alt. Es ist genau der gleiche Ort. Und alles ist hier passiert. Man kann hier mit eigenen Augen die Entwicklung verfolgen. Das ist das Amphitheater. Diese Mauer ist aus der byzantinischen Zeit. Innerhalb der Mauer ist auch eine Moschee, auf die eine der ältesten byzantinischen Kirchen gebaut wurde.« Wir fragen, ob er uns diese zeigen könne. Wenige Minuten später gehen wir durch den Hintereingang eines Hauses, um einen Blick in die Kirche Shen Gjergjit zu werfen, die aktuell geschlossen ist. Vor der unteren Hälfte des Fensters hängt ein weißes Tuch, dahinter sehen wir einen rostbraunen Teppich, Wandmalereien, eine dunkle Holzdecke und Säulen. Auch Direktor Ramohita macht Fotos.

»Fakten« über den venezianischen Turm

Rückblick: Es ist der 4. August 1606. Eine Armada von 26 spanischen Galeeren bricht unter dem Kommando des Markgrafen von Santa Cruz, Alvaro de Bazan, von Brindisi auf und landet um ein Uhr morgens im Hafen von Durrës, um die Stadt mit 3600 Soldaten anzugreifen. Überrascht ziehen sich die Osmanen, die Durrës 1501 besetzt hatten, auf die Burg zurück und ergeben sich nach einigen Kämpfen. Die Spanier plündern und nehmen Hunderte von Sklaven und 40 Burgkanonen mit. Als sie abziehen, sprengen die Spanier die Schießpulverdepots und zerstören die Stadt. Die osmanische Verwaltung ergreift aus Angst vor einer Wiederholung einer solchen Invasion Befestigungsmaßnahmen, die vor Seeangriffen schützen sollen, wie der runde Turm in der Nähe des Hafens von Durrës.

Es gibt unterschiedliche und im Laufe der Zeit geänderte Meinungen, wann der Turm gebaut wurde. Nach dem albanischen Archäologen Eduard Shehi sind archäologische und historische Studien ein evolutionärer Prozess, da die Interpretation auf den zu einem bestimmten Zeitpunkt verfügbaren Daten basiert. Shehi denkt, dass der Turm aus der osmanischen Zeit ist. Wie auch der österreichische Archäologe Arnold Schober, der auf die Bautechnik verweist. Der spätere französische Archäologe Leon Rey hingegen vermutet durch Vergleich mit anderen Türmen eine venezianische Datierung, wie auch der albanische Forscher Gjerak Karaiskaj. Für mich ist es interessant zu sehen, wie sich die Entstehungsmerkmale eines Bauwerkes einerseits in den Köpfen der Menschen festigen können und wie diese Merkmale dennoch von Wissenschaftlern hinterfragt werden und die »Fakten« vom aktuellen Wissensstand und Forschungsmöglichkeiten abhängen. Heute bietet der venezianische Turm einen Blick auf den Hafen, die Moschee, die Rekonstruktion der Burg, das Meer, Baustellen und das Amphitheater.

Was und wo?

Venezianischer Turm
Turm im Hafen mit interessanter Entstehungs- und Forschungsgeschichte, von dem man eine gute Aussicht hat.
- 8C5W+VQ2, Rruga Bardhyl Shehu, Durrës
  www.durres.gov.al

Amphitheater Durrës (Amfiteatri i Durrësit)
Ein mit rund 20 000 Plätzen riesiges Amphitheater aus dem 2. Jh. mit unterirdischen Gängen und mehreren Öffnungen zur Arena.
- 8C6W+V2M, Rruga Kalase, Durrës
  www.durres.gov.al

TIPPS

WEITERE ARCHÄOLOGISCHE HIGHLIGHTS

Archäologisches Museum Durrës (Muzeu Arkeologjik)
Wer mehr über die Geschichte erfahren möchte, kann das neu errichtete Archäologische Museum mit vielen chronologisch ausgestellten Funden besuchen.
- Lagja Nr. 1 Ruga Taulantia, Durrës
  www.facebook.com/muzeu arkeologjikdurres

Zogu-Villa (Vila Mbretërore)
Über der Stadt Durrës thront die Zogu-Villa, auch bekannt als königliche Villa, die Sommerresidenz von König Zogu. 1927 begann der Bau. Zutritt gibt es keinen. Dennoch kann man einen Blick von außen darauf werfen und hat von dem Hügel einen schönen Blick auf die Stadt. »Zogu« heißt auf Deutsch übersetzt »Vogel«. Wenn Sie entlang der Mauern der Villa spazieren, entdecken Sie ein hübsches Café. Man sitzt im Garten zwischen Peperoni, Aprikosen, Tomaten, Oliven, Zitronen und Granatäpfeln. Einen Namen hat das Café nicht, es wird von der Familie Peti geführt.
- Kodër Vilë, Durrës

Die Villa von König Zogu thront hoch über der Stadt Durrës.

Die unterirdische Stadt Kukës

Kukës ist eine kleine Stadt im Gebirge in Nordalbanien und wurde in den 1970er-Jahren erbaut, nachdem das ursprüngliche Kukës einem großen Stausee weichen musste. Kukës ist umgeben von grünen Bergen, einem Teil der Dinarischen Alpen und den schneebedeckten Gipfeln des Bergs Gjallicia, den man auch erklimmen kann. Der Flughafen in Kukës dient als Drehkreuz und setzt auf Billigfluggesellschaften. Wir erfahren, dass es drei Kukës gibt: das überflutete Kukës, das neue Kukës, das darauf gebaut wurde, und das unterirdische Kukës.

Der See Liqeni i Fierzës staut seit den 1970er-Jahren den Fluss Drin und ließ das alte Kukës in seinen Fluten verschwinden.

Besart Halilaj, der Leiter des Amtes für Tourismus und Umwelt und Sohn des Hauptingenieurs des unterirdischen Kukës, holt uns mit dem Auto ab. Er trägt ein blaues Hemd, schwarze Lackschuhe, einen Bart und lächelt. Er will uns das unterirdische Kukës zeigen, das im Kommunismus erbaut wurde. Es gebe Pläne und Wünsche, es auch touristisch zu erschließen, aber das sei eine große Investition und sie hätten keine Mittel, so Halilaj.

Zu dritt 30 Meter unter der Erde in der riesigen Bunkerstadt
Wir fahren bergab, denn das unterirdische Kukës liegt tief unter der Erde. Warum wurde es erbaut? Es lag an der Grenze zum ehemaligen Jugoslawien, und die Grenzstädte sollten während des Kommunismus gut geschützt sein. Das Ziel: Die unterirdische Stadt sollte genauso groß wie Kukës sein und die gleichen Funktionen erfüllen. Die Diktatoren wollten auf eine Invasion vorbereitet sein. Absolute Paranoia.

Heute sind an dem Ort über dem Bunker Feigenbäume, Bienenstöcke, überall Wiese.

Und Mauern und der Eingang zur unterirdischen Stadt. Wir gehen in den Tunnel, dessen Bau 15 Jahre gedauert hat und der nie genutzt wurde. Es ist dunkel. Besart Halilaj leuchtet mit seiner großen Taschenlampe auf grauen Boden und ein dickes Tor. Das sei zur Sicherheit vor einem atomaren Angriff, erklärt er. Und das zweite Tor sei zur Sicherheit gegen Radioaktivität. Danach folgt ein Bereich zur Reinigung von potenzieller Strahlung. Wir blicken in die angrenzenden Räume und auf Schutt und leere Flaschen. Von Halilaj erfahren wir, dass es ein ausgeklügeltes System war mit Räumen für Waffenwechsel und -lagerung, für Lebensmittel, mit einem Krankenhaus, einer Geburtsstation, einem Verhörzimmer sowie Räumen für die Zivilbevölkerung, das Militär und wichtige Personen. Deren Räume sind mit Stuck geschmückt. Und immer wieder Kontrollposten. Für Luisa und mich ähneln die Räume

Besart Halilaj, Leiter des Amtes für Tourismus und Umwelt, führt uns durch die unterirdische Stadt.

einander, aber mit Halilajs Erläuterungen erwachen sie zum Leben. Von ihm erfahren wir, dass an alles gedacht war: Belüftungssystem, Strom, ein Generator, falls das elektrische System ausfällt. Besart Halilaj zeigt uns die Rohre. Nur wir sind hier, sonst niemand. Der Ort, der alle retten sollte, ist gespenstisch. Das Tunnelsystem erscheint uns riesig, dabei sehen wir nur einen kleinen Teil des unterirdischen Kukës, das sich über sieben Kilometer ausdehnt. »Die einfachen Leute, die es bauten, wussten nicht, was sie machen, wozu das sein sollte, nur die Ingenieure wussten Bescheid«, sagt Halilaj. Als wir draußen sind, fragt Luisa: »Wie war die Planung und der Bau damals für deinen Vater? Hat er geglaubt, dass das notwendig ist?« Halilaj antwortet: »Ja, für die Zeit schon«, erklärt er. »Und was denkt er jetzt?« Halilaj meint: »Es soll eine touristische Attraktion werden.«

Teil der Geschichte in Butrint

In Butrint verschmelzen Natur, Geschichte und Archäologie. Für mich ist der 3000 Jahre alte Ort, der sich über eine Halbinsel erstreckt, magisch. Butrint ist nicht nur historisch und archäologisch interessant, sondern auch für Promis und Kunstschaffende, die sich hier inspirieren lassen. Wie beispielsweise der Brite James Holland im 19. Jahrhundert oder Julz Beresford heute, die beide in Butrint malten. Die antike Stadt liegt rund 20 Kilometer von Saranda entfernt und ist mit ihrer historischen Landschaft seit 1992 Teil des UNESCO-Weltkulturerbes.

Alles beginnt mit einer Bootsfahrt auf dem Butrintsee. Die Stadt liegt auf einer Halbinsel am südlichen Seeufer, der hier über den Vivar-Kanal mit dem Ionischen Meer verbunden ist. Wellen, Hügel, Felder begleiten uns. Die Bootsfahrt wird zu einem noch größeren Erlebnis, wenn Sie sich in die damalige Zeit zurückversetzen.

Es gibt mehrere Gründungsmythen von Butrint. Eine Legende entstammt der römischen Mythologie. Wer das Buch »Aeneis« des berühmten römischen Dichters und Epikers Vergil gelesen hat, von dem der bekannte Film »Troja« inspiriert ist, kann in Butrint in die Welt der Protagonisten eintauchen. Der Prinz Aeneas flüchtet aus dem brennenden Troja bis

Überreste der Taufkapelle aus dem 6. Jahrhundert

Fotoshooting in der Arena von Butrint in einem traumhaften Kleid

nach Butrint. Die Stadt wird zu dem Zeitpunkt von Prinz Helenos und Hectors Witwe, der schönen Andromache, angeführt, die auch aus Troja kommen. So sind auch wir heute bei dem bekannten Tor Porta Skea, wo Aeneas mit seinem trojanischen Gefolge ankam, um Andromache zu treffen. Das relativ schmale mystische Tor eröffnet den Zugang durch die Steinmauern zur antiken und für mich neuen Stadt. Damals warteten Andromache und der Prinz Helenos an diesem Tor, wo sie die Trojaner mit einem goldenen Becher Wein willkommen hießen. Später wurde Aeneas Stammvater der Römer.

Auch die Venezianer waren in Butrint und haben versucht, die Halbinsel zu einer Insel zu machen. Sie haben es jedoch nicht geschafft und deshalb eine Mauer gebaut, um die Stadt vor Angreifern zu schützen. Später herrschten in Butrint Chaonier, Trojaner, Venezianer, Byzantiner und Römer.

Spaziergang zu meinem persönlichen Höhepunkt: dem Theater

Wir spazieren zur Basilika, auf dem wunderschönen Weg reist man durch mehrere Jahrhunderte. Die Basilika wurde in der byzantinischen Zeit über einem römischen Bad gebaut. Es heißt, der Stil sei von der berühmten Basilika San Vitale in Ravenna inspiriert. Danach gehen wir auf die 1930 wiederaufgebaute venezianische Burg und blicken über die Bucht bis zur Insel Korfu.

Das antike Theater von Butrint ist mein persönlicher Höhepunkt. Im Gegensatz zum Theater in Apollonia kann man hier noch die Sitzreihen sehen und die Bühne, wo das Orchester war. Es wird auch erzählt, dass hier einige Sklaven befreit wurden, die Mehrheit waren Frauen. Hier traf sich früher die Elite. Jetzt stehe ich auf den Steinen und werde fotografiert. Ich trage ein hellblaues langes Kleid, das mich umso mehr in Auftrittsstimmung bringt. Noch unterdrücke ich die Töne, die Melodie, die ich bereits in mir habe. Menschen starren zu uns. David hält den silbernen Reflektor, mein Sohn Charlie macht mit seiner Kamera Fotos, vor mir steht die Fotografin.

Während des Shootings summe ich eine Arie von Händel, »Ah' mio cor«. Was für ein Privileg an diesem Ort.

Anschließend wollen wir uns die Vororte anschauen. David fährt und schaut verwirrt. Unsere Handyakkus sind leer, wie oft auf dieser Recherchereise, die täglich rund 12 bis 13 Stunden dauert. Ich möchte Ihnen doch so viel wie möglich von meinem Land zeigen. Wir suchen Wegweiser nach Përmet, doch wir haben uns verirrt. Daher fragen wir Leute, die uns dann immer eine gute Fahrt wünschen. Einmal, zweimal, fünfmal. »Entschuldige, eine Frage, wo geht es nach Përmet?«, frage ich knapp. Und David umständlich: »Entschuldigen Sie bitte, dürfte ich vielleicht nur eine einzige Frage stellen?« Hinter uns warten bereits

Autos. Ich möchte Tempo. Dann findet David einen Obstverkäufer, der uns den Weg erklärt. Zum Schluss ruft David dem Mann zu: »Vielen Dank und gute Fahrt!« und fährt los. Als ihm bewusst wird, was er gesagt hat, blicken wir nochmal zurück. Der Obstverkäufer lacht.

HOW TO BECOME AN ALBANIAN

Falls auch Ihnen der Akku ausgehen sollte: Auf Albanisch heißt »Entschuldigen Sie, wo ist ...?« »Me falni, ku eshte ...?« und »rechts« »djathtas« sowie »links« »majtas.«

Was und wo?
Antikes Theater Butrint
Schöne Ausgrabungsstätte, welche durch die griechische, römische, byzantinische bis zur venezianischen Zeit führt. Hier können Sie sich vor allem im Sommer in einem schattigen Wäldchen von der glühenden Sonne erholen.
- Butrint
  www.butrint.al/monumentet-habitatet

TIPPS

MUSEUM

Archäologischer Park und Museum (Parku Kombëtar i Butrintit)
Der Archäologische Park umfasst die antike Stadt Butrint und das Archäologische Museum. Hier befindet sich die Statue des römischen Kaisers Augustus, die ein Unikat ist, und zahlreiche Ikonen.
- SH81, Butrint
  www.butrint.al

AUSFLUG ZU WEINGUT UND KLOSTER

Weingut & Restaurant Albanica und Kloster Manastiri i Ardenicës
Rund eine halbe Stunde von Apollonia entfernt liegt das Weingut, zu dem ein wunderschöner Weg führt. Von seiner Terrasse blickt man auf Weinreben, Felder und das Adriatische Meer. Toskana-Feeling! Das Restaurant gibt es seit 2019. Wir probieren einen roten trocken-fruchtigen Cabernet 2011, dann einen Merlot Rosé 2020. Zwischendurch bringt Kellner Mateo uns Tomaten-Bruschetta, Ofenkartoffeln, Käse, Oliven, Zwiebelkuchen, alles aus dem eigenen

Garten. Und der dritte Wein: ein leichter Sommer-Weißwein, Jahrgang 2021, 12 Prozent, die perfekte Mischung aus Bitterkeit und süßem Obst. Dann folgen eingelegte Auberginen, Paprika, weiches Kalbfleisch mit einer Kruste und leichter Schärfe. Zum Abschluss Zwetschgen-, Birnen- und Brombeermarmeladen und Basilikum-, Melone- und Nusslikör. Wir fühlen uns wie im Urlaub.

Fünf Autominuten ist das Manastiri i Ardenicës (deutsch: Kloster Ardenica) entfernt. Ein Weg durch Zypressen führt zum orthodoxen Kloster, das auf einem Hügel in der mittelalbanischen Myzeqe-Ebene liegt. Vermutlich errichtete der byzantinische Kaiser Andronikos II. 1282 das Kloster. Im Kommunismus wurde es gewaltsam aufgelöst, jedoch nicht zerstört, sondern zum Kulturdenkmal erklärt. Als wir nach der offiziellen Besuchszeit das Kloster erreichen, öffnet uns ein älterer Mann das Tor. Hinter der Steinmauer erhebt sich rechts die Marienkirche. Links wachsen Zitronen, Nektarinen, Rosen. Auf dem Gelände sind auch eine Dreifaltigkeitskapelle und Gebäude für die Mönche, die seit Mitte der 1990er-Jahre hier wieder leben. Die Steine

Charlie und ich bei der Weinprobe im Weingut Albanica

der Basilika stammen größtenteils aus der Ruinenstadt Apollonia. In der Kirche sind viele Fresken. Der ältere Mann erzählt: »Im 14. Jahrhundert hat hier Skanderbeg geheiratet, zu Hoxhas Zeit war es ein Depot für Munition.« Wieder draußen schauen wir aufs Meer und ich pflücke ein Blatt. Sogar Laub riecht hier unglaublich frisch.

Als wir den Hügel hinunterfahren und in diesem kleine Löcher und Höhlen bemerken, meint David: »Das sind Hoxhas Tunnel.«

- Albanica Wine: Kolonjë Ardenicë, Fier
  www.albanicawine.com
- Manastiri i Ardenicës: RH9V+F4, Kolonjë
  facebook.com/Manastiri i Ardenicës

In Gjirokastra, der Stadt der Steine, wirkt das Straßenpflaster wie aus Lego-Steinen zusammengesetzt.

4
Ursprüngliche Städte: Berat, Elbasan und Gjirokastra

Unter Albanas Nähmaschine entsteht zarte Lochstickerei.

Gestapelte Fenster und silberne Steine, ein Hamam im Café, maximaler Fußball-Enthusiasmus und eine musikalische Überraschung.

Berat: Stadt der tausend Fenster

Wie stellen Sie sich eine »Stadt der tausend Fenster« vor? So wird Berat nämlich auch genannt. Als wir ankommen und vom Tal auf die Stadt blicken, verstehen wir, warum: Berats Stadtteil Mangalem zieht sich den Hügel hinauf, darauf Häuser in Steillage dicht nebeneinander, ihre Fassaden haben große Fenster Richtung Tal und scheinen übereinander zu stehen, weshalb manche von »schwimmenden Fenstern« sprechen.

Ursprüngliche Städte: Berat, Elbasan und Gjirokastra   83

Blick von oben auf Berats Stadtteil Gorica. Es könnten wirklich tausend sein, die unzähligen Fenster der historischen Häuser am Hang.

Wir werden auf ursprünglichen Steinen unterwegs sein und Menschen begegnen, die diesen Ort ausmachen. Es wird tragisch und lustig. Außerdem suchen wir einen Künstler, der sich in einem Verschlag versteckt und manchmal singen soll.

Doch zuerst ein paar Fakten: Berat ist eine kleine Stadt im Bergland circa 70 Kilometer südlich von Tirana. Berat wurde 1961 offiziell zur Museumsstadt ernannt und 2008 zum UNESCO-Weltkulturerbe. Dabei gilt Berat mit Gjirokastra als Beispiel für den Erhalt der osmanischen Architektur und der kulturellen Vielfalt. In den drei Stadtteilen Mangalem, Gorica und Kalaja (deutsch: Burg) mit den typisch historischen Häusern sind Neubauten verboten. Diese Altstadtviertel sowie Kirchen und Moscheen machen Berat zu etwas ganz Besonderem.

Beeindruckende Unterkunft: sechs Fenster, frischer Museumscharakter und das beste Frühstück

Steile, unebene Wege führen vom Tal zu unserer Unterkunft, dem Guest House Mikel, in Mangalem. Wer nicht auf den Boden blickt, ist hier schnell mal umgeknickt. Wie die meisten traditionellen Häuser in Berat hat das Gästehaus zwei Stockwerke, wobei das obere durch große Fenster hervorsticht. Das Besitzerpaar Jorgjie und Mikel erwartet Luisa und mich mit Orangensaft. Jorgjie, eine zarte, lächelnde Frau, führt mich zu meinem Zimmer in den zweiten Stock: eine Fensterfront mit sechs großen Fenstern, davor gelbe Vorhänge und lachsfarbene Gardinen, dahinter der Blick auf den Fluss Osum und die Berge. Decke und Boden sind aus dunklem Holz, darauf ein rot-schwarz-weißer Teppich. Alles hier ist handgemacht, es ist bunt und dennoch stimmig.

> *Das Zimmer wirkt wie ein Museum mit einem frischen Duft.*

Das Guest House ist rund 2500 Jahre alt. Die ersten Wohnstätten in Berat wurden sogar etwa um 2600 v. Chr. nachgewiesen. Für den Erhalt des Hauses bekommen Jorgjie und Mikel Unterstützung von der UNESCO. Früher sei die Toilette draußen gewesen, erinnert sich Jorgjie. Sie hätten die Wand geöffnet und jetzt eine Toilette im Haus. Allerdings war die Renovierung teuer, denn die Transportkosten seien wegen der kleinen Gassen hoch. Seit vier Jahren empfangen sie Gäste. Und dabei bieten sie das beste Frühstück, das wir während unserer Recherche hatten: Milchreis, Tomaten, Gurken, Oliven, Schafskäse, Schinken, Rührei, frische Konfitüre und Kaffee. Jorgjies hauseigener süßer Pflaumensaft hat weiche Stückchen. Ein Elixier! Wir essen *Petulla* – kleine frittierte Bällchen aus Joghurt, dazu Feigenmarmelade, deren Kerne im Mund knistern.

Spaziergang im Burgviertel Kalaja

Berat wurde ursprünglich als Festung auf dem Hügel gebaut. Der Ort galt als eine strategisch wichtige Stelle, denn der Fluss Osum verläuft hier durch einen Engpass im Tal in die mittelalbanische Ebene Myzeqe. Die Burg bildet einen ganzen Stadtteil, ist Wahrzeichen der Stadt und auch Teil ihres Wappens. Wir durchqueren die Festungsmauern und spazieren durch das Burgviertel. Überall sind kleine Häuser aus Stein. Die Bewohnerinnen und Bewohner leben innerhalb der Burgmauern. Online-Kartendienste haben in diesen kleinen Gassen oftmals Ortungsschwierigkeiten. Das ist aber nicht problematisch, denn hier kann man sich einfach treiben lassen. Wunderschöne gestickte Decken schmücken die Steinmauern. Wir fragen eine Verkäuferin: »Wie lange brauchen Sie dafür?« Ihre Antwort ist poetisch und damit typisch albanisch: »Eine Ewigkeit oder nur ein Stück.«

Ein idyllisches Gässchen im Stadtteil Mangalem

Das Museum Onufri, die Kirche der Heiligen Maria und die Farbe des Granatapfels

Im Burgviertel befinden sich das Onufri-Museum und die gut erhaltene orthodoxe Kirche der Heiligen Maria. Die Kirche und die angrenzenden Ausstellungsräume bieten beeindruckende Ikonen des albanischen Künstlers Onufri und dazu eine kühle Verschnaufpause nach dem oft heißen Aufstieg. Nicht nur Fans von Ikonen und Kirchenmalerei sind hier richtig. Onufri ist ein berühmter Meister von post-byzantinischen Fresken und Ikonen und lebte Mitte des 16. Jahrhunderts. Die farbintensiven Ikonen sind also mehrere 100 Jahre alt. Die Kombination aus Rot und kühlen Farben haben Onufris Stil geprägt. Mir gefällt besonders das dominante Rot der Ikonen, das mich an die Farbe der Granatapfelblüten erinnert.

Ftua und eine bekannte Pflanze, die hier ganz anders riecht

Wir verlassen das Museum und spazieren durch ein Tor, Trauben hängen über uns, es windet, Bäume rascheln. Viele Restaurants und Cafés laden im Burgviertel zum Verweilen ein. Wir sehen »KAFE« in Braun auf eine Mauer geschrieben. Im Innenhof begrüßt uns Violetta, die mit ihren starken Waden fest auf dem Boden steht. Hier gibt es nicht nur Kaffee und Bier, sondern auch Kinderkleidung, Babyschuhe aus Wolle und Eingelegtes: Pflaumen, Feigen oder Melone, für vier Euro das Glas. Violettas Empfehlung: *Ftua* (deutsch: Quitte). Unter der Schrift »KAFE« entdecke ich eine große Basilikumpflanze. Ich rieche an ihren Blättern und bin erneut überrascht von ihrem intensiven Geruch, der nur im albanischen Klima möglich ist.

Ein unerwartetes Konzert

Wir suchen den Künstler, der manchmal singen soll. Laut unserem Fotografen Lutz Jäkel fertigt er rund 50 Meter neben dem Café Beret family Caffe Mbrica in einem kleinen Verschlag Holzreliefs an. Nur die eine Hälfte seiner Tür ist geöffnet. Er sitzt mit grauem Bart zwischen Sägespänen und fertigt eine Masse an. »Ich gebe keine Interviews«, sagt er. Ich stehe auf der Türschwelle und antworte: »Öffne uns das Tor zu deinem Haus und nicht zu deinem Herz.« Dann erzählt er, dass er Klarinette spiele, seit er fünf Jahre alt sei, er habe auch gesungen und sei mit jungen Jahren einer der besten Künstler auf dem Festival der Pioniere gewesen. Auf unsere Bitte fängt er an zu singen, doch nach wenigen Sekunden stoppt er. Im Hintergrund läuft ein Lied von einem bekannten albanischen Sänger. Er hasse den Sänger und er bezeichnet ihn als *Kollovar*. »Warum spielst du ihn jetzt?«, frage ich. Er blickt von seiner braunen Masse auf: »Ich hasse ihn, ich höre nur seine Professionalität. Ich schätze seinen Gesang.« Das Gleiche gelte für den Bruder des Sängers, der Komponist war und ihn von seiner Geliebten getrennt habe. Sie sei das schönste Mädchen gewesen, erzählt er und trinkt eine Fanta.

HOW TO BECOME AN ALBANIAN

»Kollovar« ist ein Schimpfwort. Es bezeichnet einen Mann aus einem Dorf, der das Haus einer Frau bezieht, anstatt ein eigenes Haus zu bauen.

Hier arbeitet der Künstler Spiro Magalem an seinen Holzreliefs – manchmal singt er auch.

> »*L'amour, l'amoooour, l'amoooour*«, singe ich und bewege meine Hand rhythmisch dazu.

Er schaut erstmals auf und blickt mich ungläubig an. Normalerweise singe ich nicht für ein kleines Publikum. Doch wenn ich spüre, dass ein Ort Kunst geatmet hat, kommt es aus mir heraus. »Versteckte Kamera? Spielst du mit mir?«, fragt er und kommt aus seinem Verschlag. »Du hast mir Gänsehaut gemacht, ich erkenne dich langsam.« Dann blickt er zu Luisa: »Singst du auch?«

Sonnenuntergang auf der Burg und ein Blick in die Geschichte

Als die Sonne untergeht, spazieren wir auf den höchsten Punkt der Burg. Der Burghügel wurde im 4. Jahrhundert v. Chr. von den Illyrern erbaut. Später herrschten die Makedonier, Griechen, Bulgaren, Byzantiner, Serben und Osmanen. Während der Besatzung durch die deutsche Wehrmacht ab 1943 haben in Berat muslimische und christliche Nachbarn 600 Juden aufgenommen und sie als Verwandte ausgegeben. Alle Juden aus Berat konnten gerettet werden. Heute ist an der Burg ein Café. Auf dem begrünten Dach einer Burgruine, die über eine schmale Steinbrücke zu erreichen ist, geht ein Loch metertief nach unten, aus dem Fiep-Geräusche hörbar sind – Ratten. Wir suchen uns einen ruhigen Platz auf einem Felsen und blicken auf den Berg Mali Tomorri, den Fluss Osum, Pinien, lila Blumen und rosa Wolken. Ich war bereits zweimal hier und fühle jetzt wieder dasselbe: Freiheit. Meine Eltern haben hier geheiratet und gelebt. Ich frage mich, wo sie entlangspaziert sind, in welchem der 200 Häusern mit den Fenstern sie gelebt haben. Dann gehen wir zur anderen Seite der Burg. An diesem Dienstag um halb acht Uhr abends genießen hier einige Menschen die Aussicht auf Berat, Olivenbäume und Tannen. Die Burgmauern sind in orangefarbenes Licht gehüllt.

Als wir erneut beim Künstler vorbeilaufen, stellt er sich vor: Spiro Magalem. Dann zeigt er uns auf seinem Handy ein Foto eines seiner

Abends ist der Ausblick von der Burgruine besonders schön.

Holzreliefs, darauf die Kirche von Berat: St. Schpirioe. Das Pinienholz dafür kaufe er in den Dörfern. »Wie funktioniert dein Handwerk?«, fragen wir. Spiro Magalem erklärt, dass er erst auf dem Holz zeichne, dann heiße es: Schnitzen, Schleifen, Malen mit Wasserfarbe, Trocknen und erneut Schleifen, damit das Werk den Schatten-Licht-Effekt erhält.

HÄTTEN SIE'S GEWUSST?
Übersetzt heißt »Spec« weiße Paprika, darunter verstehen die Menschen in Berat eine gelbe Paprika. Übersetzt heißt »Djathe i bradhe« weißer Käse, darunter wird meist ein Schafs- oder Ziegenkäse verstanden. Bei den Bezeichnungen von Paprika und Käse gibt es regionale Unterschiede.

Restaurant-Gespräche:
»Um 8 Uhr am Standesamt, um 8.01 Uhr heiraten wir«
In den engen Gassen des Burgviertels liegt das Antipatrea Traditional Restaurant, dessen Tische wegen der Hanglage schräg stehen. Als wir Melonen-Smoothies bestellen, wissen wir noch nicht, dass dies ein Ort zum Versacken ist. Es wird dunkel und die Volksmusik lauter: »Die Erste ist meine Mutter und die Zweite bist du. Aber am Ende seid ihr beide gut zu mir«, tönt es auf Albanisch aus der Musikbox. Der junge Kellner Christian, schwarzes Shirt, schwarze Shorts, Tattoos am Arm, begrüßt uns. Er arbeitet seit 12 Jahren in Restaurants.

»Was ist eure Spezialität?«, fragen wir Christian. Seine Empfehlungen: ein Dorfsalat mit weißem Käse, Zwiebel und gelber Paprika, gefülltes Gemüse oder Kalbfleisch mit Walnüssen und Parmesan. »Wollt ihr ein bisschen Raki?«, fragt Christian und zwei Minuten später stoßen wir an: »Salud, chin-chin, geszuar!«

»Wie werde ich Albanerin?«, möchte Luisa wissen.

»Du kannst mich heiraten. Ich hole dich mit dem Pferd ab. Um 8 Uhr am Standesamt, um 8.01 Uhr heiraten wir. Dann bekommst du dort einen albanischen Pass«, sagt Christian. »Und das ist Liebe?«, fragt Luisa. »Kein Problem. Du kannst auch mit mir und dem Pferd auf dem Schloss leben. Du hast die Wahl. Einen albanischen Pass oder ein Leben auf dem Schloss«, erklärt Christian.

Auf unserem Tisch steht eine 0,5-Liter-Plastikflasche Raki. »1,5 Tonnen produzieren wir davon jährlich«, erzählt uns später der Chef des Restaurants, Astrit Efera, mit warmer Stimme. Auch das Gemüse würden sie selbst anbauen, alles Bio. Christian und ich rauchen, was für mich als Sängerin eine absolute Ausnahme ist. Wir essen gefüllte Bio-Aubergine und Paprika. Das gebackene Gemüse hat einen intensiven Geschmack.

Drinnen ist das Restaurant wie eine Berghütte, die auch in Österreich sein könnte, oder in Italien, denn es riecht nach Pasta. Wir essen den Kuchen *Panispanje*, eine süße Biskuitmasse mit Schokolade, und unsere Raki-Gläser scheinen sich von selbst zu füllen. Chef Efera erzählt uns: »Diese Arbeit braucht viel Hingabe und Einsatz. Wir haben wenig Personal: Er wird jetzt auch nach Deutschland gehen«, sagt er und blickt dabei zu Christian. Und weiter: »Das ist ein Familienunternehmen. Der Erfolg gebührt meiner Frau, sie hat in der Schweizer Schule für Gastronomie studiert. Die Gäste bedanken sich hier nicht nur kurz, sondern so lange, wie es braucht, bis zum Ende der Straße zu laufen.« Wir verlassen als letzte Gäste das Restaurant. Es ist dunkel, es regnet und die Burgmauern glänzen im Scheinwerferlicht.

Im Tal gehen wir im Mondlicht über die neue Brücke von Berat und in den Stadtteil Gorica. Die Lichter glitzern im Fluss. Zurück in der Unterkunft schauen wir aus dem Fenster. Ich höre das Rauschen des Flusses, ein Feuerwerk und denke: Wenn man in Albanien lebt, kommt man nach Berat vor allem am Wochenende. Und wenn ich wieder in Albanien leben sollte, muss ich Berat unbedingt öfter besuchen. Die Berge, das Klima, die Frische – wo hat man das sonst?

Traditionelles Handwerk in der Stickerei Qendistari Berati von Albana Balla

Die Stickerei verbirgt sich – welch eine Überraschung! – in einem Steinhaus. Draußen hängen erste Teppiche. Drinnen ebenfalls Teppiche, weiße Stickereien und Albana Balla, die in der hinteren Ecke an einer Nähmaschine sitzt.

HÄTTEN SIE'S GEWUSST?

»Stickkönigin« Albana Balla
Albana Balla trägt ein schwarz-weißes luftiges Kleid, hat langes dunkles Haar und ein freundliches Lächeln. Die Stickerei ist ein Familienunternehmen, in dem jeder seine Aufgabe hat: Ihre Mutter macht *Grep*, das sind längliche Stickereien mit kleinen Löchern, ihre Oma die Teppiche und Albana Balla die Stickereien mit den größeren Löchern. Zudem haben sie einen Mitarbeiter und eine Mitarbeiterin. Seit 24 Jahren gibt es die Stickerei, erst unten in der Stadt und nun seit zweieinhalb Jahren in der Rruga Mihal Komnena. Das Stickerei-Handwerk selbst gibt es seit mehreren Tausend Jahren. Jede Arbeit ist für sich aufwendig. Für die Stickereien hat Albana Balla keine Muster. Sie entwirft alles selbst. Dafür zeichnet sie erst und schneidet dann. Später stickt sie an der Nähmaschine und wippt dabei mit dem Fuß. Ihre Fußnägel sind rot. Mit einer speziellen Nadel folgt sie der vorgezeichneten Linie auf dem Stoff, wiederholt dies, bis eine dickere Linie entsteht. Die Herausforderung? Das Zeichnen, da geht es um Perfektion. Die gelingt ihr mit den Schablonen. Albana Balla zeigt uns ein besonderes Stück: Es hängt direkt hinter ihrem Arbeitsplatz. Eine Stickerei in Rautenform mit Blumen und detaillierten Mustern innen, die nach außen größer und dynamischer werden. Albana Balla hat vier Tage den Entwurf gezeichnet. Die Blumen entspringen ihrer Fantasie.

Runter in die Innenstadt zur Kathedrale Saint Demetrius und dem Barber-Shop

Wir spazieren weiter durch die Innenstadt, vorbei am Qendër Mesjetare, dem mittelalterlichen Zentrum von Berat, kommunistischen Gebäuden, an Börek- und Souvenirläden, vielen Menschen und Autos. Dann erreichen wir die Kathedrale Saint Demetrius. Der Kronleuchter hängt tief herunter über die schlichten Holzstühle. Durch kleine, gelb-blaue rundliche Fenster dringt Licht. Selbst drinnen hören wir Vögel. Wir treffen spontan Pfarrer At Petraq Simesia. Er ist groß, trägt ein schwarzes Gewand und erzählt: »Neun Jahre dauerte der Bau der Kirche. 2002 war die Eröffnung. 50 Meter weiter stand die alte Kirche, die wurde allerdings

HÄTTEN SIE'S GEWUSST?

Textilien aus Berat für deutsche Schulranzen

Nach dem Kommunismus wurden die meisten Fabriken in Berat stillgelegt, die Stadt bietet heute kaum wirtschaftliche Perspektiven. Wir besuchen Marlotex, eine der wenigen Fabriken. Der Besitzer der Textilfabrik, Gasmen Toska, möchte etwas zurückgeben. Er ist ein albanischer Investor und in Berat geboren. Seit fünf Jahren hat er die Fabrik. Hier wird Arbeitskleidung produziert, Taschen für die französische Supermarktkette Carrefour und Stoffe für die deutsche Firma MC Neil, auf deren Webseite steht »Made in Germany«. Er sagt, die Menschen in Albanien seien clever, würden die Prozesse verstehen und könnten zu einem guten Preis qualitativ hochwertig produzieren. Aber alle würden das Land verlassen wollen. Er beschäftige hier 220 Arbeiter. Toska zeigt uns die Produktionsräume: ratternde Nähmaschinen, überall Stoffe und Arbeitstische mit ausreichend Abstand. Toska glaubt an den ökonomischen Patriotismus. Das bedeutet für ihn: Er exportiert nur, der Gewinn bleibt in Albanien und ein Teil davon fließt in seine Stiftung.

1967 im Kommunismus zerstört.« Er sagt, sie werde oft besucht, weil sie zentral liegt und eine Vorgeschichte habe. Und obwohl sie neu ist, sei sie die Fortsetzung der zerstörten alten Kirche.

Links vor der Kirche ist ein kleiner Barber-Shop mit gläsernem Eingang und schwarzen Fensterrahmen. Drinnen ist es wie in einer anderen Welt: Es riecht nach Aftershave, Beat kommt aus den Boxen, Dampf aus einer Maschine, alle vier Plätze sind besetzt, einer von einem Mann mit grüner Maske. Wir fühlen uns wie Fremdkörper, als wir diesen Kosmos betreten. Alle Männer schauen uns an. Eine exakte Linie zeichnet sich bei ihren Haar- und Bartschnitten ab. Alle sind in Bewegung: rauchen, waschen, maskieren, säubern, bezahlen, Handschläge, Schulterklopfen. Für den Besitzer Mateus Mile ist das Barber-Handwerk seine »Leidenschaft.« Sein Barber-Shop sei ein soziales Umfeld, wo Freundschaften entstehen. Ein normaler Haarschnitt kostet hier 2,50 Euro, das ganze Programm mit Bartbehandlung, Waschen etc. bis zu fünf Euro. Eine Terminvereinbarung ist nicht notwendig.

Im Gespräch mit Albana Balla, die das traditionelle Handwerk der Stickerei im Familienunternehmen betreibt und ihre Muster alle selbst entwirft.

Was und wo?

Anreise nach Berat

Von Tirana aus können Sie mit dem Bus vom Terminali i ri Fundor (Pro-vizor) i zonës Jug, Durrës dhe Veri nach Berat fahren.
- Dauer: ca. 2,5 Stunden, Kosten: ca. 400–500 Lek (ca. 4 Euro)

Guest House Mikel

Übernachten in einem der traditionellen Häuser Berats. Das Guest House hat zwei Zimmer und einen Frühstückstisch. Es fühlt sich wie ein Homestay an. Das Besitzerpaar ist herzlich und das Frühstück fantastisch.
- Rruga Zoi Tola, Berat

www.guest-house-mikel.berat.hotels-al.com/de

Bar Restorant Shqiponja

Traditionelle Speisen, alle Produkte aus eigenem Bio-Anbau, selbst der Raki. Das Restaurant befindet sich im eigenen Anbaugebiet. Es gibt Truthahn, Hähnchen und es soll auch öfter getanzt werden.
- SH72, Morav, Berat
 www.facebook.com/Bar-Restorant-Shqiponja-516734405055364

Antipatrea Traditional Restaurant

Traditionelles Restaurant im Burgviertel Berats, geführt vom gleichen Besitzerduo wie Bar

Das Nationale Ikonografische Museum im Kloster Maria Himmelfahrt

Restorant Shqiponja. Daher werden auch hier Gemüse und Olivenöl auf der eigenen Farm angebaut. Freundliches Personal, das gerne Raki nachschenkt. Als Gruppe sollte man reservieren. Als Einzelperson oder Paar geht es meistens ohne Reservierung.
- Rrugica Mbrica, Berat
  www.shqiponjarestaurant.wixsite.com/shqiponja-restaurant

Onufri-Museum & Kathedrale Mariä Himmelfahrt (Muzeu Onufri & Katedralja Fjetja e Shën Mërisë)
Schöne Ikonen vom Künstler Onufri und eine gut erhaltene orthodoxe Kirche. Wer spät dran ist und Glück hat, erhält zwei Eintrittskarten zum Preis von einer. Es ist ein kleines Museum, für das rund 30 Minuten ausreichend sind. Im Onufri-Museum herrscht Fotoverbot.
- Rrugica Shën Triadha
  www.muzeumet-berat.al/en/onufri-iconographic-museum

Stickerei Qendistari Berati
Tolles traditionelles Handwerk in einem familiengeführten Unternehmen, das Tochter, Mutter und Oma gemeinsam wuppen. Hier gibt es Teppiche und gestickte Tischdecken. Außerdem kann man den Damen beim Arbeiten über die Schulter schauen.
- Kreuzung von Rruga Mihal Komnena und Rruga Kol Myzeqari

Kathedrale Saint Demetrius (Kishë Shën Dhimitri)
Orthodoxe Kirche am Ende der Fußgängerzone in der Neustadt Berats. Innen gibt es mehrere Ikonen und einen beeindruckenden Kronleuchter.
- Rruga Rilindja
  www.orthodoxalbania.org/2020/en

Barber-Shop
Typischer albanischer Barber-Shop in zentraler Lage, falls Sie sich den Bart trimmen lassen möchten oder einen Haarschnitt benötigen. Keine Terminvereinbarung erforderlich.
- Angrenzend an den Vorplatz der Kirche Saint Demetrius

Elbasan: mein Kurort umringt von Bergen

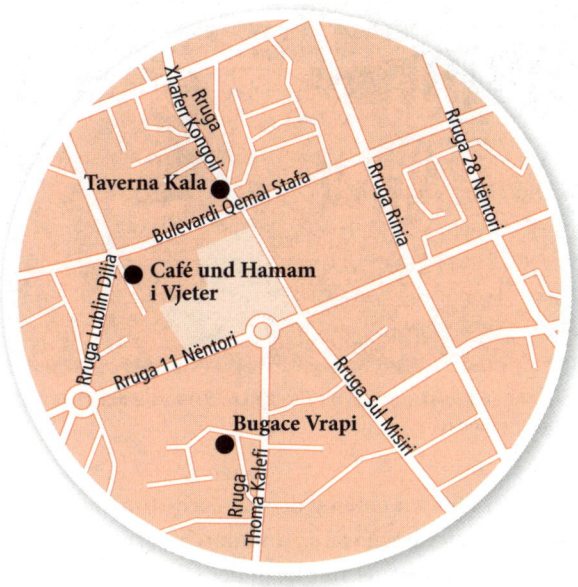

Die traditionelle Stadt Elbasan liegt in Mittelalbanien in einer Talebene. Im Norden und Süden der Stadt erheben sich bis zu 1000 Meter bzw. 1800 Meter hohe Berge. Mit beinahe 80 000 Einwohnern ist sie die viertgrößte Stadt des Landes. Die Menschen hier sind weicher und zurückhaltender als die Menschen des Nordens wie in Shkodra. Ich bin alle zwei Jahre in Elbasan. Tushi, die Frau meines Onkels, führt uns durch Elbasan. Wir müssen schauen, dass wir mit der über 70-Jährigen Schritt halten.

Die Elbasan Arena ist Austragungsort für die Länderspiele der albanischen Fußball-Nationalmannschaft.

Wir spazieren in Elbasan entlang der römisch-osmanischen Stadtmauern, die einst elf Meter hoch waren und durch Türme verstärkt wurden. Heute ist von der Stadtmauer nur noch der südliche Abschnitt mit dem Nebentor erhalten. Dahinter verbergen sich viele kleine Häuser und Gassen. Tushi zeigt uns eine Ausgrabungsstätte vor der Stadtmauer. Früher wurde diese professionell betrieben, inzwischen ist der Archäologe gestorben, die Ausgrabungsstätte wurde zugeschüttet und keinerlei Hinweise sind vorhanden. Das ist die schlechte Nachricht. Die Gute: Es gibt dennoch einiges zu entdecken wie ein Hamam, ein Stadion und die Fish City.

Ein Café im Hamam i Vjeter

Wir besuchen den versteckten Hamam i Vjeter. Von außen sieht er aus wie ein Restaurant mit einigen Tischen an einer Steinmauer. Wir erkennen die Kuppel des Hamams, als wir ein paar Schritte zurücktreten. Den Hamam können Sie nur durch das Restaurant betreten, das den gleichen Namen wie die frühere Badeanstalt trägt. Der Besitzer des Restaurants, Astrid Mamuti, kurze Jeanshose, schwarzes Shirt, ein sportlicher Typ, führt uns durch den schmalen Gang in den Hamam. »Der Hamam wurde 1671 von den Osmanen erbaut«, erzählt er. Er sei Teil einer Moschee gewesen, die gegenüberlag und nicht mehr existiere. »Sechs Tage die Woche war er für Männer geöffnet, nur einen Tag für Frauen.« Es riecht feucht, ist kühl und hellhörig. Die orange-roten Wände sind mit Moos bedeckt.

Bögen und kleine Muster schmücken die Decke, durch deren Löcher Licht eindringt. Es ist wunderschön!

Astrit Mahmuti zeigt auf den kreisförmigen Bereich unterhalb der Kuppel: »Hier hat der Architekt sein Porträt hinterlassen.« Und wir erkennen ein Gesicht mit geschlossenen Augen. Im nächsten Raum befindet sich im hinteren Bereich das Feuerzimmer, das genutzt wurde, um den Hamam zu beheizen. »Die Kanalisation ist fantastisch«, sagt Astrit Mahmuti begeistert. Inzwischen habe eine Person den Hamam gekauft, doch jeder könne ihn durch sein Café betreten. Er zeige ihn gerne den Menschen und das spüren wir.

Stadion und Fußballbegeisterung

Und dann erzählt Café-Besitzer Mahmuti, dass er seit 18 Jahren Schiedsrichter für die Superliga im Fußball sei. »Welche Rolle spielt Fußball in Albanien?«, fragen wir. Astrit lacht. »Das Leben. Wir lieben Fußball!« Er schaut Luisa an. »Und obwohl wir die deutsche Mannschaft lieben, haben wir es geschafft, dass sie nicht an der Fußball-Europameisterschaft teilnehmen konnte.« Damit spielt er auf die sogenannte »Schmach von Tirana« 1967 an. Seine Lieblingsspieler? Da gebe es viele. In Deutschland zum Beispiel Jürgen Klinsmann und in Albanien der Kapitän Lorik Cana. Astrit hat auch Beziehungen zur Elbasan Arena, das mit 12 800 Sitzplätzen fünftgrößte Stadion in Albanien, das 1967 eröffnet wurde. Es wird für Länderspiele der Fußballnationalmannschaft genutzt.

Wenige Minuten später bekommen wir mit Astrits Hilfe Zugang zum Stadion. Berge und Hochhäuser ragen hinter den Sitzrängen hervor. Man riecht die heiße Aschenbahn. Tushi, die Frau meines Onkels, war Sportlehrerin, hat hier Athletik-Unterricht gegeben und war bei mehreren Fußballspielen dabei. »Wie ist hier die Stimmung?«, fragen wir. Tushi lacht: »Maximaler Enthusiasmus bei Fußballspielen.« Er zeigt auf die gegenüberliegende Seite: »Da sitzen die Verrückten.«

Was und wo?

Anreise nach Elbasan

Von Tirana aus können Sie mit dem Bus vom Terminal i transportit publik Tirana nach Elbasan fahren.
- Dauer: ca. eine Stunde
- Kosten: ca. 400 Lek (3,40 Euro)

Café und Hamam i Vjeter

Der Hamam i Vjeter wurde 1671 von den Osmanen erbaut. Er liegt versteckt im gleichnamigen Café. Der Besitzer Astrit Mahmuti ist freundlich und zeigt Ihnen gerne den Weg in den Hamam. Gebadet wird hier allerdings schon lange nicht mehr, die Wände haben überall bereits Moos angesetzt.
- Luigj Gurakuqi prane Turizmit, Elbasan

TIPPS

ESSEN & TRINKEN

Bugace Vrapi

In Bugace Vrapi können Sie für wenig Geld leckeres traditionelles frisches Brot essen, darin sind Würstchen und dazu gibt es Ayran (rund vier Euro für zwei Personen).
- Bulevardi Qemal Stafa, prane gjimnazit Dhaskal Todri

Taverna Kala

Kleines, uriges Restaurant innerhalb der alten Stadtmauern mit traditionellem Essen, das seit über 100 Jahren in Familienbesitz ist. Draußen sitzen Sie in den hübschen Gassen, doch auch im Restaurant

gibt es einiges zu entdecken. Unter anderem Bilder mit dem Ministerpräsidenten Edi Rama, der hier bereits gegessen hat.
- Rruga, Rruga Xhaferr Kongoli Nr 1, Elbasan
  www.restaurant-taverna-kala.business.site

Fish City
Freizeit-Resort, das rund zehn Minuten von Elbasan entfernt ist. Dafür nehmen Sie den Bus am Parku Rinia (Straße: Rruga Kozma Naska) Richtung Miraq. Das Resort liegt mitten in den Bergen in der Region Labinoti. Es bietet schön angelegte Gärten, Spielplätze, tolle Restaurants mit leckerem Essen und eine fantastische Aussicht. Die Architektur und Inneneinrichtung des Sushi-Restaurants sind beeindruckend. Als wir Kaffee trinken, blicken wir auf den Berg Mali i Vashes (deutsch: Der Berg des Mädchens) und Tushi erzählt uns: Die Eltern wollten ihre Tochter mit jemandem verheiraten, den sie nicht liebte, und die Tochter ist vom Berg gesprungen.
- Rozafa-Fish City, Labinot-Fushë
  www.fish-city-restaurant.business.site

In der Taverna Kala war auch Ministerpräsident Edi Rama schon Gast.

Gjirokastra – die silberne Stadt der Steine oder meine Legosteinstadt

Gjirokastra liegt zwischen den Tälern Gjere und Drino und in der Nähe der schönsten Strände. Es ist wie Berat Teil des UNESCO-Weltkulturerbes. Ich war zum ersten Mal in Gjirokastra als 13-Jährige mit meiner Schulklasse. Seitdem habe ich mich gefragt, wie man diese Stadt beschreiben kann. Heute Nacht ist es mir eingefallen: Lego! Alles ist aus Stein, graue und terrakottafarbene Steine bilden die Straßen, sogar die Dächer sind aus Stein – es ist eine Legosteinstadt. Gjirokastra wird auch »Silberstadt« genannt, denn bei Regen glänzt die Burg silbern. Und: Dadurch wirkt das Grün der Bäume noch viel grüner.

Eine Gasse in Gjirokastra. Die Läden in den typischen steingedeckten Häusern bieten Teppiche, Stickereien und Kunsthandwerk an.

Ein Muss: Die Burg mit dem Glockenturm

Der Aufstieg auf die beeindruckende Burg dauert rund 10 bis 15 Minuten. Es ist eine steile Wanderung. Turnschuhe mit Profil sind empfehlenswert, denn es wird rutschig, sobald es regnet. Als ich die Burg besteige, ist es ein heißer Tag.

Ich durchquere den »alten Basar«, der nicht ganz so alt ist, denn er wurde nach einem Brand im 19. Jahrhundert wieder aufgebaut. Jetzt sehen alle Läden beinahe gleich aus. Die hübschen Geschäfte bieten Souvenirs – Teppiche, Musikinstrumente, Haushaltgeschirr, Bilder, alles von Hand gemacht von lokalen Künstlerinnen und Künstlern. Viele Menschen bewegen sich durch den Basar. Ich höre Französisch, Deutsch, Schwedisch, Spanisch und Italienisch. Wie in Berat hängen Stickereien an den Mauern. Ich kaufe eine Tischdecke für 500 Lek (rund vier Euro).

Blick von der Burg auf die Stadt und das Tal des Drino

Die ältere Dame schenkt mir eine zweite kleinere Tischdecke, dabei gelten die Gjirokastrit als geizig und berechnen angeblich jeden Cent.

Ich gehe weiter bergauf. Der Blick ist herrlich auf die Häuser der Stadt, von denen einige renoviert werden. Oben angekommen, bin ich erneut erstaunt von der Größe der Burg. Sie ist riesig. Bereits im 6. Jahrhundert wurden Stadt und Burg erwähnt. Die Orientierung war damals christlich-orthodox. Im 13. Jahrhundert wurde die Burg nach der Okkupation von Ali Pashe Tepelena erweitert. Während der Osmanenzeit wurde sie von der Armee genutzt. Der bekannte Glockenturm auf der Burg bietet die beste Aussicht über das Tal Drino. Eine Treppe führt zum damaligen osmanischen Gefängnis. Ein ängstliches Gefühl kommt in mir mir auf, wenn ich auf dieser Treppe bin. Außerdem gibt es auf der Burg das Wrack eines amerikanischen Flugzeugs. Im Zweiten Weltkrieg hat die albanische Regierung das Flugzeug abgeschossen, weil man dachte, es handle sich um Spionage – und die Amerikaner? Behaupteten, sie wollten nur über das Land fliegen.

HOW TO BECOME AN ALBANIAN

Auf Albanisch heißt »Wie viel kostet das?«: »Sa kushton kjo, ky?« Damit Sie die Antwort etwas einordnen können, hier die Zahlen von eins bis zehn: nje, dy, tre, kater, pese, gjashte, shtate, tete, nente, dhjete. Und »hundert« bedeutet »njëqind«.

Was und wo?

**Burg von Gjirokastra
(Kalaja e Gjirokastrës)**
Die faszinierende große Burg entstand im Wesentlichen in osmanischer Zeit im 13. Jahrhundert und gehört wie Gjirokastra ebenfalls zum UNESCO-Weltkulturerbe. Sie thront in einer Höhe von über 250 Meter und überblickt die ehemals strategisch wichtige Route entlang des Drino-Flusstals. Vom Glockenturm aus hat man eine beeindruckende Aussicht über die Umgebung.
- Rruga Elvia Celebi, Gjirokastra
  www.gjirokastra.org/sub_links/
  visiting_sub/visiting_castle.html

AUSFLUG

**Bergsee »Das blaue Auge«
(Syri i Kaltër)**
Ich könnte einen halben Tag dort sitzen und ins tiefe Blau blicken. »Das blaue Auge« ist eine Karstquelle am Westabhang des in Albanien gelegenen Gebirges Mali i Gjerë. Der Ort befindet sich zwischen Ksamil und Gjirokastra. Er ist eine Autostunde von Gjirokastra entfernt. Die Fahrt führt durch unberührte Natur. Schwimmen ist verboten. Es fließt frisches Wasser und keiner weiß, wie tief es ist.
- Sarande SHA22, Sarandë 970

TIPPS

ESSEN & TRINKEN

Restaurant Odaja
Restaurant in der Altstadt in einem traditionellen Haus mit schöner Dekoration. Die Spezialität sind Reisbällchen. Meine Dessertempfehlung: frittierter Käse mit Honig.
- Rruga Gjin Bue Shpata, Gjirokastra,
  www.facebook.com/
  odajarestaurant

Das Blau des Bergsees ist fantastisch. Leider ist Schwimmen hier verboten.

Karibik oder Europa? Albaniens Strände, hier in Ksamil, können im internationalen Vergleich locker mithalten.

5
Strandparadiese quer durchs Land

Luisa auf dem SUP

Die weißesten Strände des Balkans, die schönsten Inseln der Welt, der älteste See Europas und die humorvollsten Menschen Albaniens.

Der Norden – Shkodra, Shiroka und der Skutarisee

Es gibt unzählige schöne Strandorte in Albanien, doch an der Küste bedeutet Strand nicht gleich Strand. Es gibt feine Sandstrände, Kiesstrände und Steinstrände. Manche Strandorte liegen am Fuß der Berge, manche sind ruhiger, andere lauter. In diesem Kapitel nehme ich Sie mit auf einen Roadtrip durch unsere vielfältigen Strandparadiese.

Blick von der Burg Rozafa oberhalb von Skhodra über den Fluss Drin

Unser erstes Ziel: der Norden. Shkodra ist beinahe wie Amsterdam. Überall fahren Menschen mit dem Rad, manche sogar mit einem Vogel im Gepäck. Mehr Vögel gibt es im Skutarisee, dem größten See der Balkanhalbinsel. Am besten besucht man die Tiere nachhaltig mit einem SUP. Die Menschen aus Shkodra, die Shkodrane, sind bekannt für ihren Humor, den sie trotz der bewegten Geschichte nicht verloren haben. Sie sind stolz auf ihre Flüsse, Seen und Berge.

Tirana, 9 Uhr, Sonnenschein, wir fahren nach Shkodra, das rund 100 Kilometer und laut unserem Navigationsgerät eineinhalb Stunden entfernt ist. Ich werde zum ersten Mal in der Stadt sein. Luisa dokumentiert, recherchiert, bereitet Interviews vor. Ich telefoniere, whatsappe, vereinbare Termine. Wir planen Tag für Tag. David fährt. Es wird immer wieder gehupt, auch in Kurven, um potenziellen Gegenverkehr zu warnen, das gehört zur Fahrkultur. Ich fahre in Albanien nicht selbst Auto, mir ist der Verkehr zu chaotisch.

Ein kleiner Espresso zwischendurch zur Stärkung im Café Goje Gaditese

Ein selbsterklärter Pascha, Zentrum des Widerstands und die erste Zeitung Albaniens

Shkodra liegt zwischen dem nördlichen Skutarisee, östlich an einem Ausläufer der Albanischen Alpen und an den Flüssen Kir, Drin und Buna und ist mit 142 513 Einwohnerinnen und Einwohnern die fünftgrößte Stadt Albaniens. Der Fußballverein KS Vllaznia Shkodra ist einer der erfolgreichsten des Landes. Die 2400 Jahre alte Stadt kam durch ihren strategisch wertvollen Standort zu Wohlstand, denn alle Handelsrouten von Westen mussten die Engstelle bei Shkodra passieren. Bis zur Blüte der neuen Hauptstadt Tirana in den 1930er-Jahren war Shkodra die wichtigste Stadt des Landes. Illyrer, Labeaten, Römer, Slawen, Italiener und Osmanen eroberten die Stadt. Fast die gesamte Bevölkerung konvertierte bis zum Ende des 16. Jahrhunderts zum Islam. Der lokale Feudalherr Mehmet Bej Bushati erklärte sich 1757 zum Pascha der Region Shkodra. 1879 wurde in der Stadt die erste Zeitung Albaniens veröffentlicht. 1990 war Shkodra Zentrum des Aufstands gegen die kommunistische Diktatur. Nach über 30 Jahren Religionsverbot zelebrierte der katholische Priester Simon Jubani auf dem sogenannten alten katholischen Friedhof der Stadt den ersten Gottesdienst. Noch heute ist Shkodra das historische Zentrum der katholischen Kirche Albaniens und Bischofssitz des Erzbistums Shkodra-Pult.

Nach rund drei Stunden Fahrzeit erreichen wir die Vororte von Shkodra.

Frühstücken und den Fahrradverkehr beobachten

Unser nächster Tag beginnt im Lieblingscafé von Jorida, die wir zum Frühstück treffen. Jorida, eine junge Frau, blonde Locken, begrüßt uns lächelnd. Sie ist Tourismus-Direktorin von Shkodra. Die Fassaden des Cafés sind im italienischen Stil beige-weiß. Noch ist wenig los und wir setzen uns an den langen Tisch, auf den durch runde Stein-Lampen warmes Licht fällt. Hier gibt es alles. Pochierte Eier auf Vollkornbrot mit Avocado und Schinken, Lachs-Toasts, Schoko-Muffins, Müsli und albanische Spezialitäten wie *Petulla*. Wir trinken, wie die meisten Menschen hier, Espresso, obwohl es eine reiche Kaffeeauswahl gibt. Es wird immer voller. Durch die großen Fenster schauen wir auf die Fußgängerzone, wo man auch sitzen kann. Dort düsen Leute mit Fahrrädern vorbei, auch Rollerfahrer mit Paketen von Plastikflaschen und Fußgängerinnen und Fußgänger.

Wir sprechen mit Kellner Haris Osmani, der seit der Eröffnung vor eineinhalb Jahren im Café Gojë Gaditëse arbeitet. Es sei ein Ort zum Frühstücken, Brunchen

HÄTTEN SIE'S GEWUSST?

Das »Gesetz« der Blutrache
In den Vororten Shkodras lebt(e) Pal Ndrevataj. »Er ist 19 Jahre alt. Seit 14 Jahren hat er das Haus nur selten verlassen. Er geht nicht zur Schule, er küsst kein Mädchen, er wird nie arbeiten. Sollte er die Straße betreten, würde er ermordet werden – so wie er morden würde. Denn seine Familie ist eine von mehr als 1000 in Albanien, die in Blutrache verstrickt sind (...) Pals Unglück: Im Februar 2000 erschoss ein Onkel im Streit einen Nachbarn.« (Michael Obert, Geo, 2017)
Blutrache ist Teil des Kanuns, ein Gewohnheitsrecht aus dem Mittelalter, das in den Bergen Nordalbaniens praktiziert wird. Es gilt: Blut für Blut. Seit 1991 wurden dadurch mehr als 10 000 Menschen getötet. Der Kanun basiert auf einem Ehrbegriff, die Verletzung der Ehre gilt als der größte Verstoß. Es gibt einen Ausweg: die Versöhnung, die komplizierte Rituale erfordert. Nach dem Kommunismus ist dieses albanische Gewohnheitsrecht wieder aufgelebt, 2001 wurde »Blutrache« als Tatbestand Teil des Strafgesetzes. Die Verfolgung von Delikten ist wegen Korruption schwierig, es gibt aber Erfolg versprechende Versöhnungsprojekte.

und für abends. »Wir bieten 22 Sorten Gin«, sagt er. Haris Lieblinge? »Alkkemist Gin und der Seis14 Gintol.« Die Gastrobranche entwickle sich in Shkodra. »Warum sollten Leute Shkodra besuchen?«, fragt Luisa, er lacht und sagt: »Ich bin nur ein Kellner.«

Wir möchten zahlen und ich bitte um getrennte Rechnungen. »Eine getrennte Rechnung?«, fragt Haris Osmani und schaut mich verwundert an. Ich erkläre ihm, dass wir die Rechnung für unsere Steuer in Deutschland brauchen. Bei ihm Fragezeichen. Wir seien eingeladen, sagt er dann. Heute Morgen hatten wir in unserem Hotel in den engen Gassen Shkodras bereits eine Bezahl-Erfahrung gemacht. Eine getrennte Rechnung sei jetzt nicht mehr möglich, erklärte der Betreiber und kam später mit zwei Rechnungen – allerdings von einem anderen Hotel.

HOW TO BECOME AN ALBANIAN

»Die Rechnung, bitte« heißt auf Albanisch »Faturen te lutem«. Falls Sie mutig sind, können Sie auch das probieren: »Können wir bitte getrennte Rechnungen haben« heißt auf Albanisch: »Ju lutem a mundemi t'i kemi faturat te ndara?«

Streifzug durch Shkodra

Wir spazieren durch Shkodra, vorbei an Graffiti, in die Fußgängerzone und in die Rruga Kole Idrmeno, eine Straße in italienischem Stil, benannt nach dem albanischen Künstler. Wir biegen links ab, jetzt sind überall Geschäfte wie der Laden Okseti, in dem es gehäkelte Taschen, Ohrringe und Kleidung gibt, alles handgemacht von Frauen vom Land, erklärt Mitarbeiterin Esra Kraja. Wir schlendern weiter geradeaus bis zum Markt vor der Zentralmoschee von Shkodra. Hier gibt es Honig, Öl, Stickereien, Teppiche, Bilder und Raki aus regionaler Produktion. Die große Flasche kostet 500 Lek, also fünf Euro, erklärt die Marktfrau. Man könne hier alles schnell erreichen, sagt Jorida. Deshalb würden so viele Menschen mit dem Rad fahren, das sei auch einfacher in den engen Straßen. Dann entdeckt Luisa einen Mann mit Fahrrad und einem Vogel, der in einem Käfig auf dem Gepäckträger sitzt. Sie zeigt ihm fragend ihr Handy und er nickt. Luisa macht ein Foto. Und noch eins. Und noch eins. Der Vogel bewegt sich immer wieder im Käfig, versteckt sich hinter dem Futternapf. Und wieder ist er nicht im Bild. Also noch eins. Inzwischen warten schon zwei Autos. Luisa knipst, der Mann wird etwas steif. »Wie viele Haltestellen bitte noch?«, fragt er sie dann laut und theatralisch. Die Umstehenden lachen. In der deutschen Übersetzung mag das seltsam klingen, auf Albanisch ist es stimmig und lustig.

Die Shkodrane haben einen feinen Humor. Es geht nicht nur darum, was der Mann gesagt hat, sondern auch wie: im Dialekt und etwas theatralisch.

Der Mann wollte fotografiert werden und es war ihm auch etwas peinlich. Um das auszubalancieren, nutzt er den Humor, und zwar laut, sodass alle anderen mithören. Humor hängt mit Sprache und Kultur zusammen. Es stecken so viele Geschichten darin, die nur Einheimische ganz verstehen.

Fahrt zum Skutariseee

Wir fahren zum Skutarisee. In Shkodra vorbei an Ständen mit Gemüse, Obst, Wäscheständern und Plastikflaschen am Boden. Wir passieren kleinere Häuser, neuere Hochhäuser und später Wohnblöcke aus dem Kommunismus. Von Weitem sehen wir die Burg Rozafa thronen. Ein Rollerfahrer überholt uns, hinter ihm seine Beifahrerin im Kleid im Damensitz, die Beine auf einer Seite. Helme tragen beide nicht. Wir überqueren die neue Buna-Brücke und lesen auf dem Schild: 848 km nach Zagreb, 969 km nach Ljubljana, 1202 km nach Wien, 1478 km nach Prag und 1906 km nach Berlin. Hinter der Brücke fahren wir am Westufer des Buna Flusses vorbei an einer Siedlung der Roma-Gruppen Ashkali und Balkan-Ägypter. Auch am Stadtrand Shkodras haben wir Roma-Viertel gesehen. Die Roma sind die größte ethnische Minderheit in Shkodra und leiden in Albanien stark unter Diskriminierung.

Der Skutarisee, auch Shkodra-See genannt, ist das größte Süßwassergebiet des Balkans. Albanien besitzt ein Drittel, Montenegro zwei Drittel.

Die Zahlen schwanken je nach Erhebung zwischen 10 000 und 120 000 Roma in Albanien, 75 Prozent von ihnen werden als sehr arm eingestuft. Sie leben in Zelten und Slums, haben oft weder fließend Wasser noch Strom. Roma haben kaum politische Stimmen in Albanien. Analphabetismus ist verbreitet und nur 25 Prozent der Kinder besuchen die Grundschule, andere Quellen sprechen von 60 Prozent. Durch gezielten Aktivismus hat sich die Lage der Roma verbessert, allerdings hat die Corona-Pandemie sie zuletzt wieder verschlechtert.

Der größte See der Balkanhalbinsel und ein Dorf
Dann erreichen wir den Skutarisee, der in Albanien und Montenegro liegt und nach dem auch der Skutari-Frosch benannt ist. Hinter dem riesigen See erheben sich die Albanischen Alpen. Der Skutarisee, auch Shkodra-See genannt, ist 48 Kilometer lang, 14 Kilometer breit, maximal 44 Meter tief. Mit den Jahreszeiten schwanken der Wasserspiegel und die Seefläche von 370 bis 530 Quadratkilometern. Wegen des Sees

und der Flüsse und des fruchtbaren Bodens bringen Landwirtschaft und Viehzucht hohe Erträge. Doch die aus dem nördlichen Bergland kommenden Flüsse wie der Drin führen zu Überschwemmungen, welche die Erträge wieder mindern. Der Skutarisee ist im Vergleich zum Ohridsee sehr jung und besteht in seiner heutigen Form erst seit ca. 18 000 Jahren. Im Südwesten des Sees gibt es Inseln mit Burgruinen und Kirchen. Der See ist Rast- und Brutplatz von Vögeln aus Nordeuropa und eines der größten Vogelschutzgebiete Europas. Als Naturreservat ist der See seit 2005 unter Schutz gestellt.

Wir fahren durch das ruhige Dorf Shiroka, das am See liegt und eine Fischerei-Tradition hat. Touristinnen und Touristen spazieren die Promenade entlang und essen Fisch.

Stand-up-Paddling und Bootsfahrt am Skutarisee

Wir stoppen am See und bei der Organisation Drini Times Water Sports & Birdwatching Center, die mit der NGO Well Point kooperiert. Vor dem kleinen Häuschen warten Aurora Piroviq, Geschäftsführerin von Well Point, und Drini Xhafa, der Geschäftsführer von Drini Times. Aurora grinst breit unter ihrem Fischerhut, sie trägt einen bunten Badeanzug, bunte Shorts, Trekking-Sandalen und eine Dry Bag. Muskeln zeichnen sich an ihren Armen ab. »Wir fördern seit drei Jahren den grünen Tourismus und werden von der EU unterstützt«, sagt sie. Bei ihren Touren würden sie die Gesetze der internationalen Ramsar-Konvention für Feuchtgebiete für Wasservögel respektieren. »Wie macht ihr grünen Tourismus?«, fragt Luisa. »Unsere SUPs sind grün in der Herstellung, verursachen keine Verschmutzung, stören weder Tiere noch zerstören sie ihre Lebensräume, im Gegensatz zu einem Boot mit Dieselmotor, das Lärm verursacht und Pflanzen abschneidet.«

Auf dem Weg zum Seeufer fällt uns ein Graffito ins Auge mit dem Schriftzug »Das Fahrrad macht deine Haare zu einem Knäuel, aber es klärt deine Gedanken«. Wolken ziehen auf. Mein Sohn Charlie, David, Luisa und ich steigen auf die SUPs. Aurora möchte in das Schutzgebiet seeaufwärts paddeln. Charlie treibt in die entgegengesetzte Richtung ab, er ist das Paddeln nicht gewöhnt, war noch nie auf einem SUP. Ich lasse mich mit der Strömung zu ihm bringen. Wellen schlagen gegen unsere SUPs, der Wind gegen unsere Gesichter, wir sind nass. Aurora schleppt uns mit einem Seil ab. Drini stellt ein kleines schwarzes Ledersofa in ein motorisiertes Fischerboot für die Männer und Holzplatten, Decken und Trauben für uns. Wir setzten uns also doch in das motorisierte Fischerboot, um zum südöstlichen Teil des Sees zu gelangen. Ganz wohl ist uns dabei nicht, doch wir wollen auch über diesen Teil des Sees berichten. Kaum sind wir losgefahren, meldet Aurora »Black-headed gull!«, und zeigt auf die Lachmöwe, die im Sommer schwarz und im Winter weiß sei. Aurora ist hier aufgewachsen, unterrichtet Biologie und hat ihre Umwelt-NGO gegründet, mit der sie Vögel überwacht und Sommer-Camps mit Kindern veranstaltet, um sie für die Natur zu sensibilisieren. Sie paddeln im See und sammeln Plastik.

Tourismus und Nachhaltigkeit, Naturschutz und Umweltsünden

Im südöstlichen Teil des Sees fahren wir dann durch einen Gang aus Schilf in ein Meer aus gelben und weißen Wasserlilien mit ihren Blättern, die morgens offen sind und sich jetzt um 15 Uhr schließen. Berggipfel glänzen in der Sonne, deren Strahlen wir in unserem Rücken spüren. Wir halten an und Aurora stellt sich ins Wasser: »Das Feuchtgebiet ist die Heimat von rund 280 Vogelarten. Manche migrieren, manche nisten, manche überwintern, manche verbringen das ganze Jahr hier. Davon sind 112 Wasservögel.« Sie hätten 270 Paare der besonders geschützten Weißbart-Seeschwalbe im östlichen Teil des Sees gezählt. April bis November sei die Vegetationszeit der Wasserlilien, dann kämen die Weißbart-Seeschwalben und würden ihre Nester auf den Blättern bauen und später Mitte Juli mit dem Nachwuchs nach Nordafrika fliegen. Die Informationen sprudeln nur so aus Aurora raus, man spürt ihre Leidenschaft für das Verhalten und die Charakteristiken der Vögel. Dann zeigt sie auf die Weißbart-Schwalbe, die an uns vorbeifliegt, und macht uns auf ein Geräusch aufmerksam. Vögel hätten verschiedene Sounds für unterschiedliche Zwecke. Besonders im Mai und Juni würden sie am frühen Morgen einfach nur zum Vergnügen singen.

Lebensraum zahlreicher Tier- und Pflanzenarten – auch Kühe fühlen sich am Skutarisee wohl.

Auch 60 Fischarten leben im See, fünf davon seien gefährdet. Typische Fische seien Karpfen und Aale, erzählt Aurora. Dann bewegt sie ihren Fuß, eine noch trübere Wolke bildet sich um sie im trüben Wasser. Es gebe Verschmutzung durch Plastik, durch Menschen, die alles in den See schmeißen, und chemische Verunreinigung durch eine Aluminiumfabrik in Montenegro. Sie zeigt rechts auf den Berg Tarabosh, der sei jetzt kein Schutzgebiet mehr, da sie etwas für den Tourismus bauen wollen. »Wie siehst du die Entwicklung von Nachhaltigkeit?«, fragt Luisa. Der Trend in Albanien gehe zu Massentourismus. Auch würden die Fischer illegal mit Elektrizität fischen, doch es werde besser. Sie wolle die Natur schützen und nachhaltigen Tourismus mit beispielsweise kleinen Gruppen fördern, denn die negativen Auswirkungen des Massentourismus werden lange bleiben. Wir fahren zu einem österreichischen Schiffswrack aus dem Ersten Weltkrieg. Daneben ist eine Insel mit einem illegalen Gebäude und Aurora erklärt: »Die durften nicht mit dem Bau weitermachen, weil sie Beton nutzten und das Land nicht ihnen gehört.«

Für den Skutarisee gibt es ein Umweltschutzprogramm für das Trinkwasser-Verteilungsnetz und die Rehabilitierung des Abwassernetzes. Auch das Abfallsystem Albaniens soll in Angriff genommen werden: Ziel sind EU-Standards, um den Aufnahmeantrag in die EU zu stärken. Der Beitritt Albaniens wird seit dem 19. Juli 2022 offiziell verhandelt. Bereits vor acht Jahren hatte sich Albanien für den EU-Beitritt beworben. Ministerpräsident Edi Rama sagte, dass sie immer unter Regimen gelebt hätten, der europäische Traum von Albanien sei ihre Entscheidung, ihre Religion. Auch die deutsche Entwicklungszusammenarbeit fördert Albanien mit einem Programm für nachhaltige ländliche Entwicklung (SRD), um Beschäftigung und Einkommen in den ländlichen Gebieten zu schaffen und Tourismus und Biodiversität zu unterstützen.

Wir erreichen unseren Startpunkt. »Franz Beckenbauer«, stellt sich unser Bootsfahrer Luisa vor und verrät dann seinen richtigen Namen: »Fatmir«, das bedeute viel Glück. Er sagt, Deutschland habe Albanien sehr geholfen, weil viele von hier nach Deutschland gehen und die Wirtschaft hier unterstützen. »Die Shkodrane hängen deutsche Flaggen auf, wenn Deutschland spielt.« Sie mögen die Deutschen, weil sie hart arbeiten. Dann zeigt er auf Zigarettenkippen am Boden. Seine Landsleute würden diese wegschmeißen, Deutsche würden sie einpacken. Er sei seit 35 Jahren Fischer. Während des Kommunismus habe man Fische mit der bloßen Hand fangen können, jetzt würden die Fische wegen Klimawandel und Müll aussterben. Dann sammelt Fatmir die Zigarettenstummel ein.

Wir springen jetzt in den See, tauchen unter, sitzen danach auf warmen Steinen. Gräser und Bäume rauschen. Der See wirkt wie ein Meer, schimmert türkis fast wie in der Karibik und ist von kleinen Wellen durchzogen.

Anschließend essen wir in der Bar Restorant Shiroka Fisch aus dem Skutarisee. Der Aal, von dem es viele Exemplare im See gibt, schmeckt hervorragend. Über dem weichen Fleisch ist eine Kruste, dazu Gemüse und ein kühles Korça-Bier. Die Sonne geht langsam unter und auch wir spüren die Kraft des Sees, von der wir viel gehört haben. Er soll sogar Depressionen heilen.

Site of Witness and Memory – im ehemaligen Gefängnis der kommunistischen Diktatur

Bevor wir Shkodra verlassen, sprechen wir mit Pjerin Mirdita, dem Direktor vom Museum Site of Witness and Memory, um mehr über die Aufarbeitung der kommunistischen Zeit zu erfahren.

Was ist die Geschichte dieses Ortes?

Vor dem Kommunismus war das Gebäude eine Franziskaner-Schule, während des Kommunismus wie ein Stasi-Untersuchungsgefängnis. Nach 1997 wurde es den Eigentümern zurückgegeben. 2008 bzw. 2009 haben wir mit dem Projekt angefangen, hatten die ersten Ideen und haben begonnen, Dokumente und Geschichten für dieses Museum zu sammeln, das dann 2014 eröffnet wurde. Daher heißt es »Zeugnis und Erinnerung«.

Es gab viele Gefängnisse während der kommunistischen Diktatur. Warum wurde gerade aus diesem ein Museum gemacht?

Shkodra war das Zentrum des Widerstands. Es gab zwei bewaffnete Aufstände gegen die Kommunisten, 1945 und 1946. Die Menschen hatten eine sehr harte Zeit. Es war auch das religiöse Zentrum, besonders des Katholizismus. Somit gab es zwei Ideologien: die Religion und den Kommunismus. Die Kleriker waren sehr gebildet und beeinflussten die Entwicklung von Shkodra positiv.

Woher kommen die Besucherinnen und Besucher?

Rund 80 Prozent aus dem Ausland und 20 Prozent aus Albanien.

Organisieren auch Schulen einen Besuch?

Die Schulen haben das nicht im Lehrplan. Falls sie doch kommen, dann nur, weil wir es in die Wege leiten. In Albanien ist die Aufklärung über die kommunistische Zeit spärlich und oberflächlich, denn es ist alles noch sehr frisch. Daher ist die Selbstreflexion schwierig.

Eine herausfordernde Aufgabe, Direktor dieses Museums zu sein!

Es gibt noch schwierigere Aufgaben. Wenn wir ein halbvolles Glas haben, müssen wir immer die volle Hälfte betrachten.

Dann führt uns Pjerin Mirdita durch das Museum. Im Foyer steht groß:
2890 Gefangene
1924 Abgeschobene
601 Erschossen
61 Kleriker
136 unter Folter gestorben

Im nächsten Raum sehen wir unzählige kleine Fotos der Inhaftierten, Gesichter, dicht nebeneinander, von Menschen, die hinein und wieder hinausgegangen sind, und Gesichter von Menschen, die nie mehr rauskamen. Durch eine graue Wand führt ein roter Tunnel in den nächsten Bereich mit weiteren Informationen und dann in einen weißen Gang und durch grüne schwere Türen in die Gefängniszellen und Räume, wie den Verhörraum oder den Raum für Exekution.

HÄTTEN SIE'S GEWUSST?
Die Rilindja Nationalbewegung
»Shkodra war das Zentrum des Widerstands«, sagte Pjerin Mirdita und meinte damit die albanische Nationalbewegung Rilindja zwischen circa 1870 und der Unabhängigkeitserklärung Albaniens am 28. November 1912.
»Rilindja Kombëtare« bedeutet so viel wie nationale Wiedergeburt. Aufgrund der höheren Bildung der Menschen war die Nationalbewegung in den Städten stärker ausgeprägt.

Was und wo?

Café Gojë Gaditëse
Stylisches Café im Zentrum zum Brunchen und Frühstücken, mit leckerem Kaffee, gutem Gin und Blick auf die belebte Straße und die unzähligen Fahrradfahrer.
- Shkodra
  www.gojegaditese.com

Site of Witness and Memory (Vendi i Dëshmisë dhe i Kujtesës)
Gedenkstätte in einem ehemaligen Gefängnis, die an die Opfer des kommunistischen Regimes in Shkodra erinnert. Ehemalige Gefängnisräume können besucht werden.

- Bulevardi Skënderbeu 26, Shkodra
  www.vdkshkoder.com

Drini Times Water Sports & Birdwatching Center
SUP- oder Kajak-Touren auf dem Skutarisee mit Guides, die ein beeindruckendes Wissen, Ambitionen für nachhaltigen Tourismus und Begeisterung mitbringen. Bei der Planung Jahreszeiten beachten, Vogelbeobachtung ist ganzjährig möglich.
- Shirokë, Shkodra
  www.drini-times-water-sport-point.business.site

TIPPS

MUSEEN

Marubi National Museum of Photography (Muzeu Kombëtar i Fotografisë Marubi)
In Shkodra wurden die ersten Fotografien Albaniens gemacht. 1856 gründete der Italiener Pietro Marubi das Fotostudio Marubi. Einige seiner Schülerinnen und Schüler eröffneten wiederum eigene Studios. Das Archiv besitzt 500 000 Negative. Im Museum gibt es u. a. Ausstellungen lokaler und internationaler Fotografinnen und Fotografen. Es zeigt Einblicke in die albanische Lebenswelt der letzten 150 Jahre.
- Rruga Kolë Idromeno 32, Shkodra
  www.marubi.gov.al

Ethnographisches Hausmuseum (Muzeu Historik)
Allein das Haus mit seiner osmanischen Architektur und dem Garten ist sehenswert. Das kleine Museum der Oso Kuka-Familie zeigt wechselnde Ausstellungen. Im Untergeschoss liegt der Fokus auf Archäologie. Im ersten Stock im ehemaligen Wohnzimmer fühlen wir uns in eine andere Zeit versetzt. Hier sind Kleider nach Religionen geordnet zu sehen. Eines sei das älteste Kleidungsstück des Balkans, das von den Ehefrauen im Norden getragen wurde, erklärt uns Direktorin Amila Gjureze.
- Rruga Oso Kuka 32, Shkodra
  www.muzeuhistorikshkoder.org

Burg Rozafa (Kalaja e Rozafës)
Die Burg liegt auf einem Hügel mit strategischem Blick auf den Abfluss des Skutarisees über den Buna-Fluss. Illyrer gründeten im 4. Jahrhundert v. Chr. hier eine Stadt mit dem Namen Scodra. Später bauten die Venezianer die

Anlage aus. Auf dem Gelände gibt es auch ein Museum und ein kleines Restaurant. Fragen Sie auf der Burg nach der Sage mit den drei Brüdern!
- 2FWV+HCH, Rruga Rozafa, Shkodra

ESSEN & TRINKEN

Elita Restaurant
Leckere italienische und traditionelle Küche mit tollem Service. Empfehlung: *Mish ne saç* – ein Gericht mit Schafs- oder Rindfleisch und Kartoffeln, das in einem speziellen Ofen zubereitet wird.
- Rruga At Gjergj Fishta 64, Shkodra
  www.petithotelelita.com/restaurant-elita

Hotel Tradita
Restaurant und Hotel mit schönem Innenhof und traditionellem Essen.
- Rruga Edith Durham 25, Shkodra
  www.hoteltradita.com

Restaurant PURI
Kleines Restaurant mit leckerem traditionellen Essen zu sehr erschwinglichen Preisen. Im Außenbereich gibt es ein paar Tische direkt an der Straße.
- Bulevardi Bujar Bishanaku, Shkodra

UNTERWEGS VOR ORT

Fiesta Rent Bike
Shkodra kann man wunderbar mit dem Fahrrad entdecken!
- Rruga 28 Nëntori, Shkodra 4001
  www.instagram.com/fiestarentbike

AUSFLUG

Antoniuskloster (Kisha e Shna Ndout)
Das Kloster oberhalb von Laç in den Bergen ist Ziel einer Wallfahrt, die jährlich bis zum 13. Juni an 13 aufeinanderfolgenden Dienstagen stattfindet. »Welche Wunder sind hier geschehen?«, fragen wir Padre Prela. »Shna Ndou hat Menschen geheilt. Einem Kind blieb eine Gräte im Hals stecken, Shna Ndou betete zu Gott. Seitdem kommen Menschen am 3. Februar und beten für Halskranke.« Wie wahr das ist? Padre Prela: »Die Geschichten würden nicht 800 Jahre überdauern, wenn sie nicht passiert wären.« Wir gehen runter zur Felsenhöhle, die dem heiligen Blasius von Sebaste gewidmet ist. Die Aussicht: gigantisch.
- Saint Anthony Church of Laç
  www.facebook.com/kishashnandout

Pogradec und Ohridsee im Osten

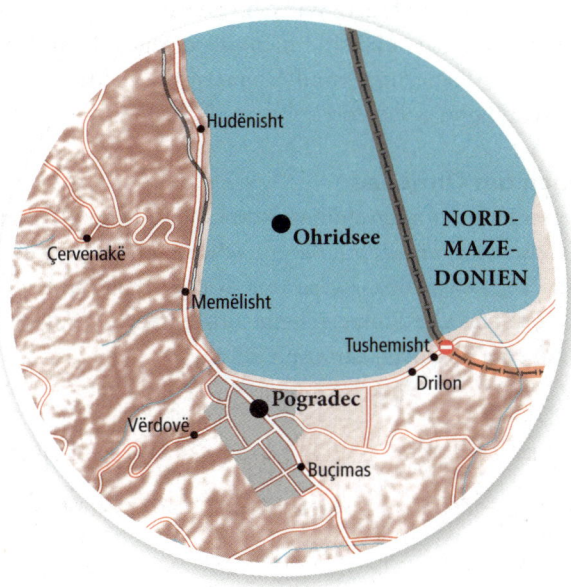

Zwischen Albanien und Nordmazedonien liegt einer der ältesten Seen der Erde, der Ohridsee. Die albanische Stadt Pogradec befindet sich am Ohridsee nahe der mazedonischen Grenze. Anders als man es von einer Grenzstadt erwarten würde, ist es hier besonders ruhig und die Menschen sind sehr gelassen.

Pogradec ist die erste albanische Stadt nach der Grenze und liegt sechs Kilometer von der nordmazedonischen Grenze bei Sveti Naum entfernt. Die hübsche Stadt befindet sich zwischen zwei Hügelzügen am Südufer des Ohridsees. Ich war mit neun oder zehn Jahren in einem Kinderfreizeitcamp in Pogradec. Es leben mehr als 200 000 Menschen um den See, davon rund 21 000 in Pogradec. Wir schlendern nach unserer Ankunft durch die kleinen Gassen und sind nicht die einzigen Fremden. Pogradec ist beliebt bei Albanerinnen und Albanern, die vor der Sommerhitze in die 735 Meter hohe und somit kühle Stadt flüchten.

Entspannen am Ohridsee

Wir spazieren zum wunderschönen Restaurant Taverna Ndona. Dort sitzen wir zwischen Blumen und Bäumen direkt am See und essen Spiegeleier mit Ziegenkäse, Schafskäse und wieder mal *Petulla*, eine Art albanische Krapfen. Die Sonne scheint uns entgegen, Volksmusik im Hintergrund, eine friedliche Atmosphäre.

> *Wir blicken auf den schimmernden Ohridsee und die Berge, die sich am Horizont andeuten.*

Auf der anderen Seite des Sees liegen die Orte Ohrid und Struga in Nordmazedonien, zu dem der größere Teil des Ohridsees gehört. Ich spüre die positive Kraft des riesigen Sees, der laut Nordmazedonien eine Fläche von 349 Quadratkilometern hat und laut Albanien eine Fläche von 362,6 Quadratkilometern. Zum Vergleich: Die Fläche des Bodensees misst 536 Quadratkilometer. Die maximale Tiefe des Ohridsees beträgt 288 Meter.

Die ersten Siedler am ältesten See Europas

Der Ohridsee wird durch zahlreiche Quellbäche gespeist. Seit rund 6500 Jahren siedeln Menschen am See. Beim Dorf Selca e Poshtme in den Bergen von Pogradec finden sich Königsgräber aus dem 4. und 1. Jahr-

In den Gassen der kleinen Altstadt von Progradec

hundert v. Chr. Lange war der abgeschiedene Ort nicht erreichbar, heute führt eine Straße zu den Gräbern, die bei Përrenjas am Fuß des Passes Qafë Thana von der SH 3 abgeht. Manche kritisieren, der Staat mache zu wenig für den Erhalt der Gräber, die ohne Eintritt besichtigt werden können. Die ersten historischen Siedler waren die illyrischen Encheläer im 8. und 7. Jahrhundert v. Chr. Im 10. Jahrhundert wurde die Siedlung oben am Hügel aufgegeben und die Stadt Pogradec an der heutigen Stelle gegründet. Der Name kommt aus dem Slawischen, *pod* (deutsch: unter) und *gradec* (deutsch: kleine Stadt) und beschreibt die neue Lage der Stadt.

»Der Ohridsee ist der älteste See in Europa. Er existiert seit 1,36 Millionen Jahren ohne Unterbrechung (…). Es ist einmalig, dass wir ein Ökosystem über einen so langen Zeitraum verfolgen können«, sagt der

Geograf Bernd Wagner in einem Interview mit dem SPIEGEL. Der Bodensee entstand beispielsweise erst nach der letzten Eiszeit vor etwa 10 000 Jahren. Es gebe rund 200 endemische Arten, also Pflanzen und Tiere, die nur im Ohridsee vorkommen. Und wer diese Arten näher untersuche, wer ihr Werden und Verschwinden studiere, der könne der Evolution bei der Arbeit zusehen. Bekannt für den Ohridsee ist die rund 60 Zentimeter lange, bunt gefleckte endemische Ohridforelle, die wegen Überfischung bedroht ist und in Fischfarmen gezüchtet wird.

Gefährdung des UNESCO-Weltkulturerbes

Der mazedonische Teil des Sees ist bereits seit 1979 UNESCO-Weltkulturerbe, 2019 wurde auch der albanische Teil aufgenommen. Wahrscheinlich wird die UNESCO den See als gefährdetes Welterbe einstufen, da die einzigartige Flora und Fauna nicht gut genug geschützt sei, so die UNESCO. Es werden zum Beispiel unerlaubt Hotels direkt am Ufer gebaut, weil diese bei Gästen besonders beliebt sind. Weitere Probleme sind Rodung und Müll. Die unzureichend gepflegten Kastanienwälder werden seit Anfang der 1990er-Jahre aufgeforstet. Täglich werden in Pogradec 30 bis 35 Tonnen Müll in einem Tal beim Dorf Gurras neben der Straße zum früheren Kohlebergwerk von Alarup abgeladen. Das Abwasser wurde früher ungeklärt in den See geleitet, bis 2007 eine Kanalisation in Betrieb genommen wurde. Die Wasserqualität von Pogradec und Ohridsee bessert sich allmählich.

Das erste Albanisch-Lehrbuch für Deutschsprachige

Es gibt einige bekannte Persönlichkeiten aus Pogradec: Der Sprachwissenschaftler Georg Pekmezi (1872–1938) lehrte an der Universität Wien Albanisch und veröffentlichte mit Maximilian Lambertz das erste Albanisch-Lehrbuch für Deutschsprachige. Der Politiker Llambi Gegprifti, 1942 in Pogradec geboren, war Vorsitzender des Exekutivkomitees des Volksrates vom Bezirk Tirana und wurde wegen Bereicherung mit öffentlichen Geldern angeklagt. In seiner Funktion als erster Sekretär der PPSh, der Kommunistischen Partei von Enver Hoxha, wurde Gegprifti wegen Verbrechen gegen die Menschlichkeit der Prozess gemacht. Das

Plausch auf der Promenade von Pogradec. Im Hintergrund die schneebedeckten Berge, die teils schon im nahe gelegenen Nordmazedonien liegen.

Urteil: 20 Jahre Haft. Der albanische Dichter Lasgush Poradeci, geboren 1899 als Lllazar Sotir Gusho, schrieb Gedichte über den Ohridsee, sein Pseudonym bezieht sich auf seine Heimatstadt. Zu Lebzeiten wurden seine Werke kaum publiziert, jetzt sind Straßen und Schulen nach ihm benannt. In Pogradec steht eine über drei Meter hohe Bronzestatue von ihm, die vom albanischen Bildhauer Mumtas Dhrami gefertigt und 2006 eingeweiht wurde. Sie zeigt den Künstler mit seinen typischen Merkmalen: Er blickt zum Ohridsee, hat seinen Hund und einen Schal dabei, seine Manteltasche füllen Notizen und Bücher.

Was und wo?
Taverna Ndona
Leckeres Essen direkt am Ohridsee. Wir waren zum Frühstücken da, aber auch der Fisch soll sehr gut sein.
- WM27+P4H, Rruga Dëshmorët e Pojskës, Pogradec

Der Süden: Kavaja, Vlora, Llogara-Pass, Dhërmi und Ksamil

Im Süden ab Vlora gibt es zahlreiche sehr unterschiedliche Orte zum Baden: Feine Sandstrände wechseln sich ab mit Kiesstränden und Steinstränden, die sich über Dhërmi bis zu den Orten Ksamil und Saranda kurz vor Griechenland ziehen.

Wir beginnen in Kavaja und fahren mit dem Auto von Vlora über den Llogara-Pass, Dhërmi bis nach Ksamil. Auch mit Bussen sind die Orte von Tirana aus gut erreichbar.

Als in Kavaja die Sonne untergeht, spaziere ich zum Meer. Ich spüre den weichen warmen Sand unter meinen Füßen. Blicke über die umliegenden Hügel und das Adriatische Meer bis nach Durrës. Das Wasser hat genau die richtige Temperatur, erfrischend und nicht zu kalt. Wolken ziehen auf, und ich schwimme mit kleinen und größeren Wellen und mit Luisa.

Abendstimmung am Strand von Kavaja

Mein persönlicher Erholungsort

Wenige Stunden zuvor waren wir in Berat und beinahe zehn Tage auf intensiver Recherche. Wir beschließen: Es ist Zeit für Erholung. Und diese finde ich in Kavaja, das rund 20 Kilometer von Durrës entfernt liegt. Genauer im Ort Qerret, der zu Kavaja gehört. Hier lebt meine Mutter in der Gated Community Laguna Blu, die manche Fshat (deutsch: Dorf) oder auch »Villa« nennen. Meine Mutter weiß, dass ich Börek liebe. Als wir ankommen, ist der Tisch schon gedeckt.

Es riecht nach Börek und Pinien.

Von der Terrasse blicken wir durch Bäume auf das Meer. Endlich verbringe ich Zeit mit meiner Familie. Ich bin einmal pro Jahr in Kavaja, seit ich mir vor 15 Jahren eine Wohnung dort gekauft habe. Sie liegt im Dorf Dielli (deutsch: Sonnenschein), nur einen Spaziergang weit von meiner Mutter entfernt. Mir gefällt das mediterrane Klima mit warmen und trockenen Sommern und milden und regnerischen Wintern, die warme Seele der Menschen und ihr Familiensinn. Und ich schätze die Ferien – die Routine, die gleichen Menschen zu treffen und sich zu erzählen, was passiert ist.

Neue Fünf-Sterne-Hotels nach Plan gebaut
Heute hat Kavaja eine Einwohnerzahl von rund 20 000 und ist berühmt für Töpfereien und Kelim-Teppiche.

Wir gehen die Promenade entlang, die es vor 15 Jahren nicht gab. Wo früher ein durchgängiger Küstenabschnitt war, sind jetzt viele private Grundstücke mit Yachthäfen und Villen und eine bessere Infrastruktur. Hier ist alles sauber und ein Fünf-Sterne-Hotel neben dem nächsten. Anders als in Durrës wurde hier nach Plan gebaut. Obwohl wir entspannen wollen, betreten wir das Palace Hotel und laufen über den marmorartigen schwarz-weißen Boden. Von Mitarbeiterin Hanna Kercuku erfahren wir, dass besonders Familien hier logieren, auch einige Deutsche. Was gefällt ihr hier? Es gebe Veranstaltungen mit traditioneller

Fischerei ist in Vlora nach wie vor ein wichtiger Wirtschaftssektor – hier wird allerdings wohl eher für den privaten Verzehr geangelt.

Musik, bei denen selbst das Hotelteam mittanze. Wir verlassen das Hotel, vorbei am Swimmingpool, hinaus zu einem Steg bei dem noch eine große Bar aufgebaut ist. Heute ist es bewölkt und alle Liegestühle und Barhocker leer. Wir schwimmen im Meer, tauchen unter, und die Welt ist in wenigen Sekunden eine andere.

Am nächsten Tag wollen wir zurück nach Tirana. Es kommt kein Bus, und wir beschließen zu trampen. Ein Auto hält, der Fahrer begrüßt uns, zeigt Verständnis. Die Infrastruktur sei jetzt zwar besser, doch noch immer kämen Busse nicht regelmäßig. Er fährt uns bis zur Busstation, obwohl die nicht auf seinem Weg liegt.

Vlora – auf dem verlängerten Meer spazieren oder: Hier pulsiert das Leben

Es ist elf Uhr, mein Sohn Charlie, unser Fahrer David und ich erreichen Vlora, obwohl wir nach Gjirokastra wollten. Doch wir haben die neuen Autobahnen mit den neuen Ausfahrten genutzt – ein schwieriges Konzept für Leute wie David, die nicht so oft fahren und nur Landstraßen kennen. Der Ausbau der Infrastruktur ist wunderbar, aber für manche eine Herausforderung. Ich mag Vlora und freue mich, wieder hier zu sein.

Vlora ist eine Hafenstadt in der Meerenge zwischen der Adria und dem Ionischen Meer und die drittgrößte Stadt des Landes. Die Strände und die Bucht sind beliebt bei Reisenden. Rund um die Stadt werden Oliven angebaut und Olivenöl exportiert. Ich verbinde mit Vlora viel Geschichte, denn hier wurde unsere Unabhängigkeit vom Osmanischen Reich gefeiert. Ismail Qemali, ehemaliger Ministerpräsident, war der Begründer der Unabhängigkeit, der unsere Fahne erstmals am 28. November 1912 in Vlora hochgehalten hat.

In der Antike war Vlora dank seines Hafens ein Handelspunkt. Besonders in den 1990er-Jahren prägten Menschen- und Drogenhandel die Wahrnehmung der Hafenstadt. Heute geht die albanische Regierung gegen illegalen Handel vor.[1] Laut einem Report von UNHCR aus dem Jahr 2018 erfüllt die albanische Regierung die Mindeststandards für die Beseitigung des Menschenhandels nicht vollständig, unternimmt jedoch erhebliche Anstrengungen, um dies zu erreichen.[2] Albanien ist bei den Herkunftsländern von Cannabis nach dem aktuellen Weltdrogenbericht der Vereinten Nationen (2022) in Europa an erster Stelle.[3] 2018 demonstrierten Tausende Menschen in Tirana gegen die Regierung, der sie Verbindungen zum organisierten Verbrechen und zu Menschenhändlergruppen vorwarfen.[4]

In Vlora ist ein dritter internationaler Flughafen geplant, dessen Bau vergangenes Jahr viel diskutiert wurde, da die Stadt in einem Vogelschutzgebiet liegt. Als ich die neue Promenade entlang spaziere, lässt sich all das nicht erahnen.

Ich genieße die Stimmung, die das Meer, die Berge, Blumen und Menschen erzeugen.

Die Promenade ist sehr lang und heißt »Lungomare« auf Italienisch (deutsch: Entlang des Meers). Ich bin vom Hafen aus öfter zwölf Stunden übers Meer ins rund 60 Kilometer entfernte italienische Bari gefahren. In Vlora spricht die Mehrheit Italienisch. Die Bevölkerung, die »Vlonjatet«, treffen sich zum *Giro*, und bewundern das neue Projekt, für das Häuser und Notkioske abgerissen wurden. Jetzt gibt es hier Cafés, Restaurants und Bars. Vlora hat einen groben Sandstrand und blaues Meer. Das Leben pulsiert.

Wir laufen in die Altstadt mit ihren gut erhaltenen traditionellen Häusern, hübschen Cafés, Restaurants und Läden, die mit Blumen geschmückt sind – Straßen mit Charme und italienischem Flair, das viele Touristinnen und Touristen anzieht. Fast jedes Haus ist in einer anderen Farbe gestrichen, mit Holzfensterläden und außen mit auf antik gemachten Wandleuchten. Es gibt mehrere Baustellen, neue Straßen werden gebaut, alte repariert, die Stadt ist gepflegt.

Beim Gang durch die Straßen überlege ich, wo damals meine Mutter den Ausblick genossen hat, von dem sie mir erzählt hat. Sie hat in Vlora ihr Abitur für Finanzmanagement gemacht, da es in ihrem Heimatort keine guten Schulen gab. Mit 15 Jahren ging sie allein nach Vlora, lebte

Von Palmen gesäumte Strandpromenade in Vlora

in einem Internat, ihre Eltern wohnten in Lushnja. Heute braucht man dorthin zweieinhalb Stunden, früher um einiges länger.

Danach gehen wir in die kleine Moschee Muradie. Die perfekt geschliffenen hellen Steine der Außenwand wirken wie ein einziger Stein, der zu einem Holzbogentor führt. Ich trage ein relativ kurzes Kleid und bekomme ein Tuch, mit dem ich meine Beine bedecke. Drinnen ist es hell und buntgeschmückt und draußen ein schönes Minarett. Im 15. und 16. Jahrhundert gab es in Vlora keine Muslime, nur Christen und Juden. Die Osmanen haben die Moschee aus strategischen Gründen gebaut, wegen der Nähe Vloras zu Italien. Sie wollten gegen die Italiener kämpfen. Heute ist wenig los in der kleinen Moschee.

Der Llogara-Pass

Dieser Pass ist für mich der schönste der albanischen Riviera. Von Vlora fahren wir den Llogara-Pass bis nach Saranda an der Grenze zu Griechenland. Bei den kurvigen Straßen, die erst vor Kurzem neu ausgebaut wurden, fange ich herrliche Blicke ein auf das Meer, Felsen, Bäume, Steine, Oliven und Ziegen; braune, graue und blaue Farben mischen sich.

Während der Fahrt über den Llogara-Pass werden wir mit einer fantastischen Aussicht belohnt.

Der Pass wird von vielen Reisenden als schönste Straße Albaniens bezeichnet. Er führt über das Ceraunische Gebirge bis zur Karaburun-Halbinsel vor Vlora und gehört zum Nationalpark Llogara. Im Jahr 48 v. Chr. landete angeblich Cäsar am Südfuß des Llogara-Passes und zog von dort aus nach Norden in die Schlacht von Dyrrhachium. Der Pass ist die einzige Nord-Süd-Verbindung, wenn man das Gebirge nicht weitläufig umfahren möchte. Ziegen und Kühe sind keine Seltenheit. Im Winter kann es oben auf dem Pass schneien.

Wir bewegen uns auf rund 1000 Metern Höhe und gelangen in einen unglaublichen Wald von Pinien und Eichen.

Wir fahren vorbei an seltenen bis zu 1000 Jahre alten Schlangenhaut-Kiefern und Schwarzkiefern, Bulgarischen Tannen, Buchen und Eschen. Einheimische haben älteren Bäumen mit einer besondere Form Namen gegeben. Im Llogara-Nationalpark leben Wölfe, Füchse, Steinmarder, Wildkatzen, Wildziegen und Rehe. Alpensteinhühner oder Steinadler, Kolkraben, Sperber, Gänsegeier oder Schmutzgeier kommen hier vor. Auch der Uhu und andere Eulenarten leben im Park.

Hier auf dem Pass befindet sich mein Lieblingsrestaurant, das Restaurant Andonio. Wir essen Ziegenfleisch, Fetakäse, Salat, Gemüse und zum Nachtisch Joghurt mit Walnüssen und Honig. Wir genießen die Kühle nach der Hitze in Vlora.

Beim Weiterfahren stoßen wir auf die schönste Kreuzung, die ich je gesehen habe: Pinien öffnen sich wie zwei riesige Vorhänge, geben den Blick frei auf Sonne und Meer. Dann schauen wir auf den 2400 Meter hohen Cika-Berggipfel. Charlie sagt: »Bevor man unten im Meer surft, kann man in der Luft surfen.« Und er hat recht: Das Fahren fühlt sich hier oben wie Fliegen an.

HOW TO BECOME AN ALBANIAN

Auf Albanisch heißt »Die Speisekarte bitte«: »Menyne te lutem.« Wir haben auf unserer Recherche meist gefragt: »Können Sie uns etwas empfehlen?« – »Mund të na rekomandoni diçka?«

Dhërmi – der optimale Ort zum Relaxen und Angeben

Der ältere Ortsteil von Dhërmi liegt 166 Meter hoch über der Küste des Ionischen Meers. Am Strand hat sich ein Touristendorf entwickelt. Mich fasziniert die Aussicht auf das Tal und den weißen Kiesstrand, der zum klaren türkisblauen Meer führt. Sonnenuntergänge sind hier etwas ganz Besonderes. Ich bin am Fuß des Berges. Um mich schicke Hotels, Bäume mit Orangen, Zitronen, Oliven, Aprikosen und Feigen. Hier wurden in den 1960er-Jahren touristische Einrichtungen für die kommunistische Elite des Landes gebaut. In Dhërmi gibt es viele Kirchen und Klöster. Die Mehrheit der Bevölkerung sind orthodoxe Griechen, die einen lokalen griechischen Dialekt und Albanisch sprechen.

In den letzten Jahren hat sich Dhërmi zum Trend-Badeort entwickelt, wo sich Berühmtheiten sowie Touristinnen und Touristen tummeln, in

Am breiten Strand von Dhërmi findet man immer ein Plätzchen.

den Restaurants Meeresfrüchte, Fisch und die traditionelle albanische Küche genießen oder in den exklusiven Bars Cocktails schlürfen. Das »gehobene« Publikum hat Auswirkungen auf die Preise und das Angebot. Ein Liegestuhl kostet 20 bis 40 Euro pro Tag. Die meisten Einheimischen können sich das nicht leisten, denn in Albanien beträgt das Durchschnittsgehalt 360 bis 660 Euro im Monat. Wem der Liegestuhl nicht gemütlich genug ist, der kann Lounge-Betten mieten, große Matratzen am Strand, oft mit Bast und weißen Vorhängen, die im Wind wehen.

Ich verbinde Dhërmi mit Familienurlauben, denke an einen Geburtstag meiner Nichte. Keiner hatte ein Geschenk. Wir haben alle unsere Desserts auf einem großen Teller zu einem zusammengeschoben, in die Mitte eine Kerze gesteckt, um dann aus vollem Herzen »Happy Birthday« zu singen.

Wer es etwas aktiver mag, kann Kajak fahren, Gleitschirm fliegen, zu einem Wrack tauchen oder eine Bootstour zu den Stränden von Korfu unternehmen.

Sonst ist Dhërmi der optimale Ort zum Relaxen und Angeben. Ich brauche kein Lounge-Bett, nur meinen Lieblingsfrappé. Dafür gehe ich über die Promenade, auf der sich Menschen in Mode von Gucci und Louis Vuitton bewegen, zu einer offenen Bar mit Bastdach am Strand. Die Bar trägt keinen Namen.

Olivenplantagen auf der Halbinsel Ksamil

Als Schülerin habe ich auf den Hügeln von Ksamil mehrere Wochen in den Oliventerrassen gearbeitet. Ich habe die Plantagen geebnet und sie von Blättern und Ästen befreit. Es war ein Schulprogramm kurz vor den Sommerferien. Jetzt stehe ich unterhalb der Oliventerrassen auf dem

Kiesstrand, die Häuser erheben sich vom türkisblauen Meer einen kleinen Hügel hinauf.

Ksamil liegt südlich von Saranda an der engsten Stelle der Straße von Korfu und hat rund 3000 Einwohner. Ksamil bietet schöne Buchten, weiße Strände und ist toll zum Schnorcheln. Der Name Ksamil steht für den Badeort Ksamil, für die kleine Halbinsel und für vier kleine Inseln in der Bucht. 1959 wurde für den Besuch des sowjetischen Ministerpräsidenten Nikita Chruschtschow eine Straße nach Butrint gebaut und somit war auch die Halbinsel Ksamil erreichbar. Der antike Namen Ksamil täuscht, denn die Stadt wurde in den 1960er-Jahren neu gegründet und die Halbinsel mit Zitrus- und Olivenbäumen terrassiert, zudem wurden Wohngebäude errichtet. Früher hieß der Ort Heksamilion und war eine Weidefläche für Schafe und Ziegen. Seit dem Jahr 2000 entwickelt sich Ksamil zu einem Badeort. Das Gebiet ist mit dem Vivar-Kanal verbunden, der die Salzwasserlagune Butrintsee mit dem Ionischen Meer verbindet. Diese Lage gibt der Küste den Namen Albanische Riviera. Die Halbinsel Ksamil liegt nur vier Kilometer von der Ruinenstadt Butrint und vier Kilometer von der griechischen Insel Korfu entfernt. In Ksamil gibt es Gebäude aus Hoxhas Zeit, neue Villen und Stege mit Bastschirmen, die sich im Meer Richtung Korfu ziehen. Wie Dhërmi hat Ksamil wunderschöne Strände.

Die Inseln von Ksamil werden auf Reiseforen als die schönsten Inseln der Welt bezeichnet.

Die kleinen Felsinseln liegen nebeneinander sieben bis 15 Meter über dem Meeresspiegel, bedeckt mit einer typisch mediterranen Vegetation. Ksamil zieht viele jüngere Leute an, da es günstiger ist und nah zu Sarandas Nachtleben. In der Nebensaison und in den kleineren versteckten Buchten ist es besonders günstig. Auch in Ksamil gibt es Restaurants, Cafés und Olivenbäume. Meeresfrüchte sind charakteristisch für die Küche in Ksamil. Kleine Tavernen und Familienrestaurants servieren die unverzichtbare Butrint-Muschel.

Was und wo?

**Moschee Muradie
(Xhamia e Muradie)**
Die kleine Moschee, vermutlich vom bekannten osmanischen Architekten Mimar Sinani entworfen, wurde unter Sultan Suleiman dem Prächtigen 1542 n. Chr. fertiggestellt. Besonders schön ist das zweifarbige Ziegelmauerwerk.
- FF9R+J9G, Rruga Justin Godar, Vlora

Andoni Hotel Restorant
Familiengeführtes Restaurant, das beinahe am höchsten Punkt des Llogara-Passes liegt. Hier fühlt man sich schnell zu Hause. Es gibt leckere Pizza, köstliches Lammfleisch und eine tolle Aussicht.
- SH8, Orikum, Llogara National Park
  www.facebook.com/andoniresort

TIPPS

ESSEN & TRINKEN

Aromë Deti Restaurant
Wir essen abends im Restaurant Aromë Deti in Qerret. Nur der Strand trennt uns vom Meer. Zwei Männer singen Volksmusik mit Geige und Keyboard und unser Tisch unter Pinien füllt sich mit Garnelen-Risotto und Pizza.
- 6GC5+H4F, Rruga e Fshatrave Turistike, Qerret
  www.facebook.com/AromeDeti1

MUSEEN

**National Museum of Independence
(Muzeu Kombëtar Pavarësia)**
Das Museum liegt in Hafennähe in einem leuchtend gelben Haus, das die Geschichte einer Nation veränderte: Hier tagte die erste albanische Regierung. Das Museum wurde 1936 gegründet und ist das erste vor den 1990er-Jahren entstandene Museum. Auf dem berühmten Balkon des Hauses hisste Ismail Qemali 1912 die albanische Flagge.
- SH8, Vlora
  www.facebook.com/MuzeuPavarsiaVlore

Gehört seit 1948 zum kulturellen Erbe Albaniens: die Moschee Muradie

Ethnographisches Museum (Muzeu Etnografik i Vlorës)

Zwischen den bunten Häusern Vloras gehen wir in einen Innenhof mit Orangen- und Zitronenbäumen und durch ein Holztor bis zum Eingang des kleinen Museums. Das Ethnographische Museum ist 37 Jahre alt und befindet sich in einem der ältesten Häuser Vloras. 1909 war es eine Mädchen-Schule für albanische Sprache, die Marigo Posio leitete. Hier können Sie in die Lebensweise unserer Vorfahren eintauchen, in die Geschichte der traditionellen Kleidung und der mittelalterlichen Werkzeuge aus Eisen und Stein.

- FFCR+VMW, Vlora
  www.vlora.gov.al./events/muzeume
  (albanisch)

Burg Kaninë (Kalaja e Kaninës)

Die wunderschöne Burg im Dorf Kaninë ist rund sechs Kilometer von Vlora entfernt. Sie erhebt sich an der Seite des Berges Shushica, etwa 380 Meter über dem Meeresspiegel. Es wird angenommen, dass die Burg im 3. Jahrhundert v. Chr. errichtet wurde. Hier gibt es ein tolles Restaurant und eine beeindruckende Aussicht über Vlora.

- CGVC+RHH, Kanina

Auch Schafe mögen die Aussicht von der Burg Kaninë.

AKTIVITÄTEN

Ideen für Aktive am Llogara-Pass

- Im Camper im Wald übernachten und die schöne Aussicht genießen.
- Mit dem Fahrrad den Pass entdecken. Das ist schön und anspruchsvoll, unbedingt Steigung, Hitze und Verkehr bei der Planung berücksichtigen.
- Auf einer der vielen Wanderrouten von der SH 8 starten und in die Natur des Nationalparks Llogara eintauchen.
- Einen geheimen Strand vom Pass ansteuern wie den Gjipe-Strand, der mit dem Auto nicht zugänglich ist.
- Die Ruinenstadt Gjirokaster entdecken, die sich in der Nähe des Parks befindet.

Unterwegs nach Valbona am gleichnamigen Fluss, dem längsten der Albanischen Alpen

6

Bergwelten: Valbona und Thethi

Wanderung in den verwunschenen Bergen, nachhaltiger Tourismus und Müllprobleme und eine deutsche Hotelbetreiberin, die in Albanien ihr Glück gefunden hat.

Valbona – verwunschene Berge und das Hotel Margjeka

Wir reisen von Tirana über den Kosovo nach Valbona. Wer die Natur liebt und gerne wandert, der findet in Valbona faszinierende Berge, Schluchten und schroffe Gipfel. Die Orte Valbona und Thethi liegen im Norden der Albanischen Alpen und grenzen an Montenegro und den Kosovo. Das Gebirge wird vor Ort Prokletije oder Bjeshkët e Nemuna genannt – auf Deutsch »verfluchte« oder »verwunschene Berge«.

Wie in Albanien üblich, fährt unser Bus in Tirana erst los, als alle Plätze besetzt sind, und das ist um elf Uhr. Unsere Reise nach Valbona ist spontan. Nach etwa einer Stunde fahren wir einen ausgetrockneten Fluss entlang, der wie ein Canyon wirkt. Hügel entwickeln sich zu Bergen, und wir mittendrin. Wir fahren 200 Kilometer in den Norden nach Kukës, das auf halber Strecke nach Valbona liegt. Das kostet 500 Lek (4,30 Euro). Eine kleine Klappe oben im warmen Bus sorgt für Durchzug. Ein paar Wolken ziehen über den blauen Himmel. Die Landschaft wird immer brauner und die Straße zu einem Gebirgspass.

Mit dem Nationalpark-Direktor über den Kosovo nach Valbona
Der Direktor des Valbona-Nationalparks erwartet Luisa und mich in Kukës. Ich habe ihn gestern, an einem Samstag, um 19 Uhr per WhatsApp kontaktiert und ihn gebeten, uns durch den Park zu führen. In Deutschland wäre das wohl etwas aufdringlich, in Albanien ist das auch am Wochenende dank der spontanen und freundlichen Menschen möglich. Bei Direktor Lefter Gjana spielen auch Prioritäten und Gewissenhaftigkeit eine Rolle. Gjana antwortete gleich, er wohne in Kukës und könne uns nach Valbona mitnehmen, die Fahrt dauere circa viereinhalb Stunden.

Von Kukës aus fahren wir nach Valbona, vorbei an dichten Tannen- und Laubwäldern, grünen Wiesen und schroffen Felsen.

Lefter Gjana begrüßt uns freundlich, schwarzes T-Shirt, die Sonnenbrille im kurzen dunklen Haar. Wie in Albanien in einem beruflichen Kontext üblich, siezen wir uns. Er ist seit 13 Jahren Direktor des Parks und erzählt im Auto: »Im Vergleich zur Pandemiezeit ist die Gästezahl um 30 Prozent gestiegen.« Nach 20 Minuten erreichen wir den Kosovo und fahren an der Stadt Prizren vorbei, die laut Gjana vergleichbar mit der albanischen Stadt Berat ist, was Kultur und Geschichte betrifft. Irgendwann duzen wir uns. In Albanien fragt man nicht nach Erlaubnis dafür, es passiert einfach, außer es handelt sich um ein wichtiges formelles Treffen. Weiter durch kurvige Straßen, vorbei an Feldern und Häusern über die kosovarische Stadt Gjakove. »Ich war für einen internationalen Austausch im Nationalpark Bayerischer Wald«, erzählt Gjana und erinnert sich an den Baumwipfelpfad und den 44 Meter hohen Aussichtsturm, von dem aus er Tschechien sehen konnte. Er sagt: »Organisatorisch läuft es in Deutschland besser, aber die Biodiversität ist in Albanien reicher. Wenn es in Deutschland eine Baumart gibt, sind es hier acht.«

Das Valbonatal und der Shoshan Canyon

Wir erreichen den Nationalpark Valbonatal. Das Tal führt tief ins Gebirge hinein und wurde von Gletschern geformt. Der Valbona-Gletscher hatte in der Würmeiszeit eine Länge von 9,5 Kilometern von der Nordostflanke des Jezerca bis wenig unterhalb von Valbona. Der Jezerca ist mit 2694 Meter ü. M. der höchste Berg, der vollständig in Albanien liegt, und der höchste Punkt der nordalbanischen Alpen. Noch heute befinden sich auf seiner Nordostflanke zwei kurze Gletscher.

Gjana stoppt an der Straße und sagt: »Hier ist ein Naturmonument.« Damit meint er ein Naturschutzgebiet von nationaler Bedeutung. Wir steigen aus dem Auto, blicken von einer Brücke aus auf den großen Canyon und seine hohen Felsen, die weit in die Ferne reichen. »Zwei Kilometer ist der Shoshan Canyon lang und 30 bis 50 Meter tief«, erklärt Gjana. Die Quelle von Shoshan fließt durch Kalksteinplatten zum Valbona-Fluss. Wir schauen auf die zwei bis drei Meter breite Schlucht, die unten mit klarem türkisfarbenen Wasser gefüllt ist und nach hinten immer schmaler wird.

Danach fahren wir zwischen zwei Felswänden hindurch und durch das Dorf Dragobi. »Dort ist das Leben traditionell«, sagt Gjana. Hier gebe es *Bujtinen*, die im Sommer alle ausgebucht seien.

Manche Gäste treiben Sport, andere genießen die Landschaft und das Essen, erzählt Gjana. Neben Dragobi und Valbona gibt es im Valbonatal auch noch das Dorf Cerem und ganz hinten den höchst gelegenen Ort Rragam, in dem die Menschen größtenteils katholisch sind. In Valbona sind sie hingegen überwiegend muslimisch. Im Valbonatal stehen einige ältere Wehrhäuser, sogenannte »Kullas«. Der Name kommt aus dem persischen *Qulla*, über türkisch *Kule* (Berg, Spitze). Die »Kulla« besteht meist

HÄTTEN SIE'S GEWUSST?

»Bujtinen« (Singular Bujtina) sind kleine authentische Gästehäuser, geführt von Familien, die bis zu zehn Zimmern anbieten. Oft verbunden mit einem Bauernhof und immer mit lokalen Produkten.

aus zwei bis drei Stockwerken: Stallungen im Erdgeschoss, Wirtschafts- und Schlafräume im ersten Stockwerk und Räume für die Männer im dritten Stockwerk. Dieser Gebäudetyp stammt aus dem Osmanischen Reich. In der kommunistischen Zeit war Valbona ein Ferienort. Wir gelangen tiefer ins Tal, begegnen Wanderinnen und Wanderern, Campervans und Kühen.

Direktor Gjana fotografiert. Vier- bis fünfmal im Monat sei er hier. »Jedes Mal ist es wie das erste Mal«, sagt er und knipst weiter.

Ankunft in Valbona zwischen unberührter Hochgebirgslandschaft

Wir erreichen den Ort Valbona, hier endet die Straße, die Rruga Azem Hajdari, die ins Valbonatal führt. Valbona liegt in der Gemeinde Tropoja nordwestlich von Bajram Curr im Tal des gleichnamigen Flusses auf 932 Meter ü. M. Der Valbona-Fluss ist der größte Fluss der Albanischen Alpen, er sei eine Attraktion für die Besucherinnen und Besucher und wichtig für die Wirtschaft und Landwirtschaft, so Gjana. Die Albanischen Alpen erinnern an die Dolomiten, wie sie in den Himmel ragen. Über uns die unberührte Hochgebirgslandschaft des Kalksteinberges Jezerca. »Den können nur erfahrene Alpinistinnen und Alpinisten bezwingen«, so Gjana. Weiter oben und im Schatten gibt es ganzjährig Schnee, wie im Gebiet von Maja Grykat e Hapëta, und mehrere kleine Gletscher. Die Gegend um Valbona gehört zum Nationalpark Valbonatal. Er umfasst eine Fläche von 8000 Hektar mit Wäldern, kleinen Bergseen, Höhlen, Schluchten, Wasserfällen, Alpweiden und Kaskaden und wurde 1966 gegründet. Einige Pflanzen und Tiere existieren nur hier, sonst nirgendwo auf der Welt. Hier gibt es Gämsen, Luchse und Bären, doch eine Bärenbegegnung ist sehr unwahrscheinlich. »Wir haben keine Fälle von Begegnungen mit Bären«, sagt auch Gjana. Wer genau schaut, kann Skorpione in Steinritzen entdecken, Eidechsen auf sonnigen Fel-

Das Valbonatal lässt sich wandernd gut entdecken.

sen, oder Pferde und Ochsen, mit deren Hilfe die Bauern ihre Felder pflügen.

Spaziergang durchs Valbonatal

Vom Parkplatz in Valbona aus starten die Wanderwege. Es ist August und wir schauen auf den gelben Wegweiser, der nach rechts zeigt. Darauf steht »Theth, 6 h«, »Rragam 40 Min.« und die beliebte Route »Qafa e Valbonës 4 h«, der Valbona-Pass in den Nationalpark Thethi. Wir folgen zu Fuß dem Weg über die Steine des leeren Valbona-Flussbetts. Hier fließt im Sommer nicht immer Wasser, denn es sucht sich unterhalb des Schotterbetts seinen Weg. Die großen Steine wirken wie aufgeschüttet. »Alles natürlich«, erklärt Gjana, auch andere Wanderwege seien so. Die Valbona fließt weiter das Tal entlang, das dann steiler und enger wird, vorbei am kleinen Dorf Dragobia, durch eine Schlucht, dann nimmt sie die Flüsse Gash und Bistrica auf und mündet im zum Koman-Stausee gestauten Drin.

Wirtschaft und Naturschutz in Valbona

Valbona ist vom Massentourismus zwar bisher verschont geblieben, aber Investoren wittern das große Geschäft. Anfangs haben nur Menschen aus Valbona hier gebaut. Jetzt gibt es ein Fünf-Sterne-Hotel von Geldgebern aus Tirana, ein großes graues Gebäude, dessen eine Dachhälfte sich tief nach unten zieht. Außerdem soll der Valbona-Fluss im unteren Teil aufgestaut werden, damit Wasserkraftwerke Strom gewinnen.

»Ungefähr im Jahr 2010 hat der Tourismus hier angefangen und ist die letzten Jahre massiv angestiegen«, sagt Gjana. Für die Bewahrung des weitestgehend unberührten Ökosystems des Nationalparks würden sie Sensibilisierungsaktivitäten unternehmen. »Es ist wichtig, dass die Touristinnen und Touristen auf den Wegen bleiben. Informationstafeln und Guides reduzieren Unfälle. Wir treffen uns mit Besitzerinnen und Besitzern der *Bujtinen*, um über Themen wie Müll und dessen Entsorgung aufzuklären.« »Was bedeutet nachhaltiger Tourismus für dich?«, fragen wir. »Die Natur vor den Menschen zu schützen, sich um die Lebenswelt der Tiere und Pflanzen zu kümmern sowie auf den Pfaden Pfeile zur Orientierung zu geben, damit es weniger Müll gibt«, erklärt Gjana.

Genießen im Hotel Margjeka

Wir fahren wenige Minuten den Berg hoch, um die Familie des Hotel Margjeka zu treffen. Die Terrasse ist gut besucht, ein Teil der Gäste sitzt fast in den Bäumen, der andere Teil fast in den Bergen. Wir blicken auf Wiesen, Bienenstöcke und den Berg Maja e hekurave (deutsch: Balkanspitze), auf den vier Routen führen, sowie die Berggipfel Brijasinit und Zhapores.

»Was willst du? Lamm, Ziege, Kalb?«, fragt der junge Kellner freundlich auf Deutsch. Die heutige Empfehlung sei Lammkotelett und Babyziegen, das sei in 30 Minuten fertig. Dann kommt ein kräftiger Mann mit wenig Haaren und geht strahlend auf Direktor Gjana und uns zu. Er weiß von unserer Recherche und übernimmt unsere Versorgung. »Kastriotte«, stellt er sich vor, Bruder des Besitzers, der gerade mit seiner Frau unterwegs sei. Unser Tisch füllt sich mit Hüttenkäse, selbst geba-

HOW TO BECOME AN ALBANIAN

Direktor Gjana erzählt eine Anekdote. »Fli« heiße auch »schlafen« auf Albanisch. Wenn Leute aus Südalbanien hier in den Norden kämen, hätten sie gefragt: »Wie heißt das?« Die Nordalbaner hätten »Fli« gesagt. Und die Südalbaner hätten geantwortet: »Aber ich geh doch gleich schlafen.«

ckenem Maisbrot, das in eine Joghurt-Quark-Soße getunkt ist, die nach Zaziki schmeckt, gemischtem Salat, Börek mit Ziegenkäse, Lammkotelett, Babyziegen und *Fli* – Maisfladen mit Spinat. »Wie lange gibt es das Restaurant?«, fragt Luisa. Seit zehn Jahren hätten sie es, sagt Kastriotte und bemerkt das Bier auf unserem Tisch. Er winkt den Kellner her, der es abräumt und mit albanischem Wein zurückkommt. Wir stoßen an. Kuchen mit Kastanienhonig wird serviert. »Der Honig ist von hier«, sagt Kastriotte. Der beste Kardiologe von Tirana hätte diesen mit Schafsjoghurt probiert und wäre am liebsten geblieben.

»Wie war es am Anfang, das alles aufzubauen?«, fragt Luisa, aber Kastriotte schwärmt von Frauen und macht uns Komplimente. Wir merken: ein Interview heute? Unmöglich. Und genießen dafür den Nachtisch.

Interview mit Hotelbetreiberin Janet

Zurück in Deutschland, als Luisa mich in Frankfurt besucht, rufen wir Janet, die deutsche Betreiberin des Hotels Margjeka, an.

Wo hast du deinen Mann kennengelernt?

Im Frühjahr 1992 in Italien. Mein Mann Sherif ist Albaner. Er hat 15 Jahre in Italien gelebt, war LKW-Fahrer und ich dort im Urlaub. Dann haben wir abwechselnd in Deutschland und in Italien gelebt. 2008 sind wir nach Albanien gezogen.

Wie fing alles mit dem Hotel Margjeka an?

Wir wollten ein kleines Restaurant oder Hotel am Meer und haben nichts Richtiges gefunden oder es war zu teuer. Dann ging mein Mann an seinem Geburtstag mit mir zwei Tage nach Valbona. Es gab zwei Gästehäuser, keine Asphaltstraße und wir sind durchs Flussbett gefahren. Es war so schön! Ich dachte, in 15 Jahren wird der Tourismus kommen. Wir haben Land gekauft, und ich hatte keine Ahnung von Bergen. Wir hatten nicht viel Geld. Seine Brüder, sein Onkel, seine Tanten haben alle mit Privatkrediten Geld reingeschossen. Auch unsere Handwerker haben uns

Privatkredite gegeben. 2012 haben wir das Restaurant aufgemacht und dann alles Schritt für Schritt aufgebaut. So würde es nie in Deutschland funktionieren und jetzt vielleicht auch nicht mehr in Albanien.

Woher hast du diesen Mut?
Früher habe ich Leistungssport gemacht und gelernt: Wenn man hinfällt, dann muss man wieder aufstehen. Wenn ich 18 Stunden hier arbeite, weiß ich wofür. In Deutschland habe ich in der Gastronomie manchmal 14, 16 Stunden als Hotelfachfrau gearbeitet.

Was waren die Herausforderungen beim Aufbau eures Hotels?
Wir mussten erst eine Straße bauen, dann von einer Quelle Wasserleitungen legen, brauchten Auffangbecken, Kläranlage, Strommast, Stromleitungen, Unimog und Schneepflug für den Winter. Sherif und ich reden nur deutsch. Alles, was die Gastronomie betrifft, kann ich auf Albanisch. Doch ich wurde ins kalte Wasser geschmissen. Jetzt lernen die Jungs hier von mir deutsch. Aktuell ist wegen des Ukraine-Krieges unser Geschäft bis zu 50 Prozent eingebrochen.

Was macht die Umgebung in Valbona für dich aus?
Die Natur ist wunderschön und abwechslungsreich. Im Herbst gibt es ein schönes Blätterfarbspiel und viele Künstlerinnen und Künstler kommen zum Malen. Meine Kinder können frei herumlaufen. Die Winter sind nicht so kalt wie in Deutschland. Du kannst hier entschleunigen, hast keinen Stress, nicht so diesen Erfolgsdruck.

Und für was steht ihr?
Ich achte darauf, dass kein Müll rumliegt und alles sauber ist. Unsere Produkte sind von hier. Wir haben zum Beispiel einen Bauern, der Schafe und Kühe hält, von ihm bekommen wir Schafskäse und Milch, aus der wir Joghurt machen. Wir selbst haben 400 Hühner. Es muss so funktionieren wie in Deutschland, damit die Gäste zufrieden sind.

Wie reagieren deine Mitarbeiterinnen und Mitarbeiter darauf?
Wir hatten eine Hochzeit. Ich habe ihnen gezeigt, wie sie das Besteck anordnen sollen. »Ist das nicht zu viel Besteck?«, haben sie mich gefragt. »Nein, so wird das auch in Deutschland gemacht«, antwortete ich. Die Gäste haben das Essen dann mit einer Gabel gegessen und das andere Besteck liegen gelassen. Ich habe gelernt, dass ich einen guten Mittelweg zwischen den Kulturen finden muss. Von der albanischen Kultur habe ich mitgenommen: Du musst geduldig und gelassen sein. Pünktlich und so verbissen funktioniert nicht.

Du hast jetzt zwei Söhne.
Ja, davor habe ich mich gefragt, wie soll das alles funktionieren mit dem Restaurant? »Wir alle helfen euch«, hat die Familie gesagt, und so ist es auch. Wenn ich krank bin, kümmern sie sich um die Kinder.

Wie werde ich Albanerin?
Für mich bedeutet es vor allem gelassen zu sein. Ich finde es schön, dass alle spontan zusammenkommen. In Deutschland kann man sich nicht vorstellen, dass eine Gruppe sagt: »Mach mal die Musik an! Wir wollen tanzen.« Hier tanzen dann 15 bis 20 Leute, singen fröhlich, und es kommen immer noch mehr.

Janet und ihr Mann Sherif gründeten vor rund 10 Jahren das Hotel Margjeka.

Was und wo?

Anreise ins Valbonatal über den Koman-Stausee
Von Shkodra aus geht es mit dem Auto 55 Kilometer nach Koman, dann mit der Fähre nach Fierza und noch einmal rund eine Stunde nach Valbona. Die Fahrt über den See ist ein Erlebnis: Der gestaute Fluss Drin fließt durch tiefe Schluchten, Felsen ragen Hunderte Meter in die Höhe, an engen Stellen von nicht einmal 50 Metern.
- Fähre in Koman: Shkodër, Koman
  www.komanilakeferry.com/en

Nationalpark Valbonatal (Parku Kombëtar Lugina e Valbonës)
Der Nationalpark schützt die nordalbanischen Alpen und die unberührte Hochgebirgslandschaft. Im Winter schneit es viel, ein Besuch lohnt dann kaum, so Parkdirektor Gjana. Die beste Zeit: Frühling und Sommer. Eine Anreise mit öffentlichen Verkehrsmitteln ist schwierig, mit dem Auto weit und mindestens eine Übernachtung empfehlenswert.

Hotel Margjeka
Familiengeführtes Hotel mit leckerem traditionellen Essen und einer schönen Panoramaterrasse. Hier wird Wert auf lokale Produkte gelegt. Optimaler Ausgangspunkt für Wanderungen. Frühzeitig buchen!
- CVFF+8GW, Llomi
  www.hotelmargjeka.al

TIPPS

WANDERUNGEN

Tageswanderung nach Thethi
Die Wanderung über das Valbonatal nach Thethi (ca. sechs bis acht Stunden) ist gut markiert. Der Pass bietet beeindruckende Aussichten auf die Albanischen Alpen.

Weitere Wandermöglichkeiten
Besonders abgelegene Touren sollten mit lokalen Bergführerinnen oder -führern gemacht werden. Fragen Sie dafür am besten in Ihrer Unterkunft nach Empfehlungen oder recherchieren online. Wetterbedingungen beachten!
- Einfache Wanderungen: zur Valbona-Quelle oder ins Dorf Cerem
- Längere Touren: zur Alp Kukaj oder zur Höhle von Dragobi
- Anstrengende Touren: auf Gipfel der Süd- und Nordseite des Tals
- Mehrtägige Touren: in das Gebiet des Berges Jezerca und der Sylbica-Seen

Thethi: Auf dem höchsten Punkt im Trogtal

Thethi ist von Valbona einen Tagesmarsch entfernt – oder 265 Kilometer mit dem Auto. Im Bergdorf Thethi fühle ich mich ganz klein, denn die Umgebung ist mächtig: Das Dorf liegt abgeschieden im Norden in den Albanischen Alpen auf rund 850 Meter ü. M. zwischen Zweitausendern, die in die Höhe ragen. Im Winter war dieser magische Ort bis vor Kurzem noch Wochen, manchmal Monate von der Welt abgeschnitten und nur schwer erreichbar. Jetzt finden immer mehr Reisende den Weg nach Thethi, wo sie auf Gastfreundschaft und magische Berge treffen.

Wir starten in Tirana und fahren rund 170 Kilometer bis nach Thethi, ab Shkodra über Landstraßen den Bergen entgegen. »Wow!« Wir drücken unsere Nasen an die Autofenster. Es geht bergauf den frisch asphaltierten Thores-Pass entlang auf 1800 Meter ü. M. Ich blicke in die Tiefe, mein Herz klopft, obwohl wir fest am Boden sind. Kaum oben angekommen, geht es wieder bergab, bewaldete Täler öffnen sich, hinter denen Thethi verborgen liegt. Unsere Mägen knurren. »Wann kommen wir an?«, fragt mein Sohn Charlie. »Noch 40 Minuten«, vermute ich. Wir täuschen uns. Das sei Michelles Schuld, lacht unser Fahrer David. So nennt er die Stimme von Google Maps, die in Albanien meist optimistisch kalkuliert. Die letzten 16 Kilometer fahren wir auf einer asphaltierten Straße, die erst 2021 entstand, davor gab es nur eine Schotterpiste. Nach einer Stunde erreichen wir um 16 Uhr Thethi. Es ist mein erster Besuch in dem Bergdorf.

Eingebettet zwischen Zweitausendern

Thethi gehört zur Gemeinde Shkodra und ist eine Streusiedlung entlang des Tals mit den Siedlungen Okol, Gjecaj, Nik Gjonaj, Gjelaj, Ndreaj, Kola, Unaj und Grunas, die teilweise an steilen Hängen liegen. In Thethi

Die kleine katholische Kirche in Thethi ist eines der meistfotografierten Motive der Region.

führen grüne Wiesen und dichte kurze Bäume zu Felsen und riesigen Bergen, deren weiße Spitzen wir im August sehen. Wir sind eingebettet im Trogtal des Shala-Flusses zwischen den Zweitausendern Radohima (2568 m), Arapi (2217 m), Maja e Popllukes (2578 m) und dem Jezerca (2694 m), die sich schroff um und über uns erheben.

Zwetschgenschnaps und Espresso mit einer Wandergruppe

Eine Schotterstraße führt zu unserem Restaurant, wo wir eine erste Reisegruppe treffen, Holländerinnen und Holländer, Deutsche sowie einen Briten mit ihrem albanischen Bergführer. Wir sitzen auf einer Veranda am Felsrand mit Blick auf das Tal und essen Kalbfleisch, Hühnchen, gegrilltes Gemüse, Salat und Joghurt mit Gurke und Knoblauch. »Albaner sind wunderbar und sehr freundlich«, bekundet die Reisegruppe wie auf Kommando, alle klammern sich an ihre Zwetschgenschnapsgläser und wir uns an unsere Espressotassen. Der ruhige Brite Jeffrey meint: »Albaner helfen dir immer, auch ohne dass du sie darum bittest.« Am Kopfende des Tisches sitzt Stefan, ein deutscher Professor, der Mitte der 90er-Jahre zum ersten Mal Albanien besucht hat. Er sei der Initiator einer Zusammenarbeit mit der Universität Shkodra, um den Tourismus in der Gegend zu verbessern, sagt er.

Heute teilt man die Zeit in Thethi in eine Zeit vor und eine mit dem Tourismus ein.

Das frühe Thethi

Thethi wurde erstmals 1688 schriftlich erwähnt. Einer lokalen Legende zufolge soll die Gemeinde auf einen einzigen gemeinsamen Vorfahren zurückgehen: Ded Nika. Die Bevölkerung soll vor circa 300 bis 350 Jahren nach Thethi gezogen sein, um ihre katholisch-christlichen Traditionen zu wahren. Ende der 1980er-Jahre lebten etwa 7000 Menschen dort. Aufgrund der fehlenden Infrastruktur und schlechter wirtschaftlicher Perspektiven verließen immer mehr Menschen Thethi, bis nur noch 80 Menschen im Talort lebten. »Ich denke, kein Ort, an dem Menschen leben, hat mir einen solchen Eindruck majestätischer Isolation von der ganzen Welt vermittelt«, sagte die Reisende Edi Durham im frühen 20. Jahrhundert.

Wie der Tourismus nach Thethi kam

Man schreibt das Jahr 2006. Die Universität Shkodra und die GIZ (Deutsche Gesellschaft für Internationale Zusammenarbeit und Entwicklung) veranstalten einen Wettbewerb zur Zukunft des Tourismus. Das isolierte Bergdorf Thethi gewinnt. Neun Familien bekommen Baumaterial im Wert von je 2000 Euro, mit dem sie ihre Höfe zu Gästehäusern umbauen. Laut einem Artikel in »akzente«, dem Magazin der GIZ, betreiben 2008 bereits 25 Familien Gästehäuser als Haupterwerb und rund 30 000 Menschen nächtigten jährlich in dem kleinen Dorf. Mit Unterstützung vom Deutschen Alpenverein und der GIZ wurden Bergführer geschult, Wanderwege ausgebaut und markiert sowie Wegweiser und Orientierungskarten aufgestellt. Damit die Einheimischen ihre Natur schützen, müssten sie auch von dieser Natur profitieren können – als Bergführer, Hotelier oder Lieferant, so Shpresa Smajli, ehemalige Projektkoordinatorin der GIZ in Tirana.

Und heute? Mit dem Tourismus kehren auch die ehemaligen Einwohnerinnen und Einwohner zurück. Inzwischen leben rund 370 Menschen in Thethi, Tendenz steigend. Nard Polia, der mit seinem Bruder in Italien lebte, hat in einem Gespräch mit der GIZ das Zurückkommen als »die beste Entscheidung unseres Lebens« bezeichnet. Er baute mit seinem Bruder eine Pension in Thethi auf. Der Tourismus hat das Leben hier komfortabler gemacht, Minibusse nach Shkodra seien auch für die Einheimischen erschwinglich, es gebe einen Laden, eine Krankenstation und eine Schule.

Altes Bauernhaus in Theti

Doch inzwischen sei das Dorf auch etwas gespalten, manche wollen mehr Gäste, manche die Ursprünglichkeit behalten.

Die ersten Gäste wollten die Natur genießen – die, die jetzt kommen, wollen Wellness und einen Latte Macchiato, so sein Bruder. Thethi wurde zugänglicher und verwundbarer. Im Norden wurden inzwischen

40 000 Hektar als Naturpark ausgewiesen. Trotz des Nationalparkstatus soll bereits an einem Wasserkraftwerk gebaut werden und es gibt Pläne für eine große Seilbahn. Die Schönheit zieht auch die Filmbranche an, Thethi war Drehort des Spielfilms von Ardit Sadiku, »The Forgotten Mountain« (2018).

»Bitte schreibt über Müll«

Das Allererste, was wir im Dorf Thethi sehen, ist ein überfüllter Mülleimer. Artur aus Tirana, der Guide der Schnaps trinkenden Wandergruppe, sagt zu uns: »Reisende gehen heulend von hier weg. Wir sind ein kleines Land mit einer großen Dichte natürlicher Schönheit und freundlichen Menschen, die sie in ihrem eigenen Land so oft nicht finden.« Er sei seit drei Jahren Guide und gerate immer wieder in hitzige Auseinandersetzungen, wenn die Gäste ihn nach dem Müll fragen. Artur bittet uns: »Schreibt über den Müll, damit mich nicht mehr alle danach fragen und ich es erklären muss.«

HÄTTEN SIE'S GEWUSST?

Massentourismus vs. nachhaltiger Tourismus
Organisationen, die auf Massentourismus setzen, haben hohe Fixkosten. Sie fokussieren sich auf die Hochsaison und müssen das Geld für ein Jahr innerhalb weniger Monate verdienen. Die Folge: prekäre und befristete Jobs. Massenreiseveranstalter drücken Preise und machen die Organisationen abhängig. Das bedeutet: geringe Gewinnspannen.
Organisationen, die auf nachhaltigen Tourismus setzen, haben niedrigere Fixkosten und einen vielfältigeren Kundenstamm. Ihre Gäste legen Wert auf Qualität und zahlen auch dafür. Die Partner von nachhaltigen Reiseveranstaltern führen langfristige Geschäftsbeziehungen.
Massentourismus oder nachhaltiger Tourismus? Auch wir Reisenden sind mit unserer Nachfrage verantwortlich für das Angebot und dessen Grad der Nachhaltigkeit.

In Albanien liegt manchmal Müll am Straßenrand, an Flussufern, auf illegalen Müllkippen. Dazu recherchierte Michael Graupner vom Deutschlandfunk (2019): Rund ein Drittel des Mülls wird in Albanien nicht abgeholt. Nach dem Zusammenbruch des Kommunismus haben die Menschen den Lebensstil westlicher Länder angestrebt, das führte zu einem hohen Plastikkonsum. Korruption, die beispielsweise bei Bauvorhaben präsent ist, verstärkt das Müllproblem. In den letzten Jahren ist zwar ein Umweltbewusstsein entstanden, Regierung und Zivilgesellschaft identifizieren Mülldeponien. Dennoch sollte man darauf gefasst sein, Müll zu begegnen. Und natürlich den eigenen Müll mitnehmen oder, wer mag, auf dem Weg Plastikflaschen einsammeln.

Und Thethi? Hat inzwischen eine neue Müllabfuhr, es ist sauber und gepflegt.

Spaziergang durchs Bergdorf zur Kirche Kisha në Theth

Die kleinen Häuser in Thethi wirken wie kleine Klöster. Sie sind aus Stein und Holz mit spitzen, grauen, länglichen Dächern. Thethis Stil ist alpenländisch, ähnlich wie in Norditalien oder im Tessin in der Südschweiz. Die schrägen Dächer sind charakteristisch für alpine Gebiete, um die Ansammlung von Schnee im Winter zu vermeiden. Es gibt keine Souvenirshops, kaum Hotels, obwohl sich im kleinen Ort viele Reisende bewegen, die meist in *Bujtinen* nächtigen. Inzwischen hat fast jedes Haus ein Gästezimmer.

Wir spazieren zur Kirche Kisha në Theth. Touristinnen und Touristen begegnen uns, rund die Hälfte von ihnen trägt Wanderkleidung. 2630 Hektar Land um das Dorf herum gehören seit 1966 zum Nationalpark Thethi, ein Paradies für Naturliebhaber. Von Weitem sehen wir schon den großen Felsen, davor die kleine Kirche auf einer weiten Wiese mit Schafen. Die Kirche wirkt trotz oder vielleicht gerade wegen ihrer kleinen Größe stolz und selbstbewusst vor den hohen Bergen. Eine graue Steinfassade führt zu einem spitzen Dach, ähnlich wie bei den Wohnhäusern Thethis. Drinnen ist die Kirche schlicht aus hellem Holz mit hellen Bänken. Gäste kommen und gehen, es wirkt, als sei die Kirche immer geöffnet.

Was und wo?

Kirche Kisha në Theth
Die kleine katholische und Thethis erste Kirche wurde 1892 gebaut. Pfarrhaus und Turm wurden 1967 während des kommunistischen Regimes zerstört, 2004 bis 2006 mit Spenden der albanischen Diaspora in den USA wiedererrichtet.
• Fushe, Thethi

TIPPS

UNTERKÜNFTE

Bujtina Polia
Familiengeführte Herberge mit Bauernhof, renoviertem Haupthaus und neuem Zusatzhaus. Bujtina Polia bietet eine Halbpension mit reichhaltiger Verpflegung. Für Wanderungen soll man selbst gebackenes Brot, frischen Feta und Gemüse mitnehmen dürfen. Am Abend gibt es ein Drei-Gänge-Menü mit traditioneller Küche.
• Fushe Logu I Kishes 1, Thethi
  www.bujtinapolia.com

Villa Gjecaj
Schönes Gästehaus mit tollem Ausblick von der Terrasse über das Tal. Reichhaltiges Frühstücksbüfett. Gäste empfehlen, bei den Großeltern im Erdgeschoss zu essen, da sei das Essen wohl am leckersten.
• Rruga Nikgjonaj 18, Thethi
  www.villagjecaj.com

MUSEUM

Blutracheturm (Kulla e Ngujimit)
Der Turm ist heute ein Museum und dokumentiert das jahrhundertealte Gewohnheitsrecht der Region, den Kanun, der das Verhalten gegenüber einem Gast und einem Schuldner festlegt und über Ehen, Erbe und Ehre bestimmt. Manchmal verlangte der Kanun bei Ehrverletzungen den Mord des Täters oder eines Mannes aus dessen Familie als Ausgleich, die sogenannte Blutrache. Die potenziellen Opfer der Blutrache verschanzten sich früher in hohen, fensterlosen Türmen in Thethi, um ihrem Tod zu entkommen.
• Ruga e Gjelajve, Thethi

WANDERUNGEN

Wanderweg »Peaks of Balkan«
Der Dreiländertrail »Peaks of Balkan« (POB) führt mit 192 Kilometern und in circa zehn Tagesetappen durch die atemberaubende

Bergwelt von Montenegro, dem Kosovo und Albanien. 2011 eingeweiht, gilt er als Pionier der grenzüberschreitenden Wanderwege in dieser Region. Als Startpunkt eignet sich Thethi. Markierungen sind nicht immer eindeutig und manchmal an skurrilen Orten wie Luftschutzbunkern angebracht, von denen aus der Herrschaftszeit des albanischen Diktators Hoxha noch rund 200 000 existieren.

Grunas-Schlucht und Wasserfall
Wir starten unseren fünf Kilometer langen Rundweg beim Informationszentrum vom Thethi-Nationalpark und spazieren die Rruga Fushe Richtung Blutracheturm. Nach etwa 20 Minuten biegen wir kurz vor dem Blutracheturm zum Fluss ab, überqueren diesen über eine Rohrbrücke und erreichen eine Holzbrücke, die uns über den Fluss Lumi i Thethit führt. Wir gehen einen schmalen Waldpfad bergauf zum 30 Meter hohen Grunas-Wasserfall, in dessen Pool mit glasklarem Wasser man baden kann. Dann wandern wir unter dem Wasserfall hindurch über eine rote, in die Jahre gekommene Metallbrücke zurück zum Dorfzentrum.

Ein Spaziergang an der Grunas-Schlucht verspricht spektakuläre Ausblicke.

AUSFLUG

Lezha
Lezha liegt auf dem Weg von Tirana nach Thethi. Hier ist der albanische Nationalheld Gjergj Kastrioti Skanderbeg begraben, der gegen die Osmanen kämpfte. Die Skanderbeg-Gedenkstätte war einst eine Moschee und ursprünglich eine Kirche, die von den Osmanen umgewandelt wurde. Die Festung von Lezha bietet auf einer Höhe von 322 Metern eine tolle Aussicht über die Stadt, Felder, Berge und Adriaküste.
- Gedenkstätte: QJMV+38C, Rruga Frang Bardhi, Lezha
- Burg von Lezha: QMM2+F2X, Rruga Varosh, Lezha

Scheinbar endlose Weite: bei Divjaka im gleichnamigen Nationalpark

7
Naturwunder: Përmet und der Nationalpark Divjaka-Karavasta

Freunde von Krauskopfpelikan Jonny

Öko-Urlaub in der »grünen Lunge« des Balkans, Europas letzter wilder Fluss, Musik und Poesie aus Përmet und zum Mittagessen Fisch.

Mit Flamingos, Pelikanen und Hochzeitspaaren im Nationalpark Divjaka-Karavasta

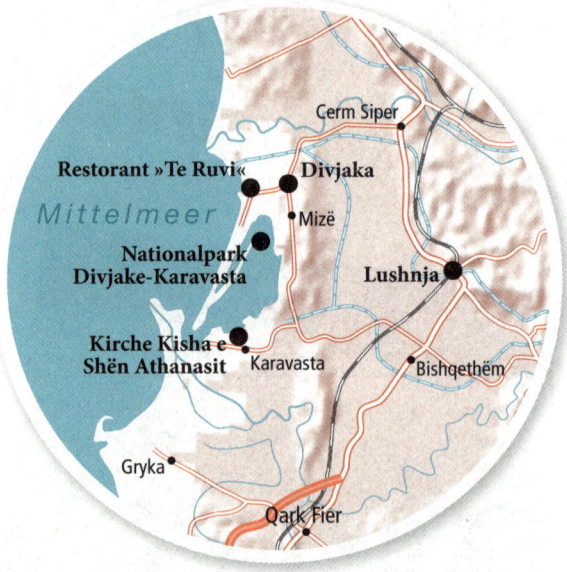

Der Nationalpark Divjaka-Karavasta umfasst Pinienwälder, Meer, Wattflächen, Flüsse und die größte Küstenlagune Albaniens. Noch gibt es hier keine großen Hotels, nachhaltiger Tourismus wird angestrebt und von der Bevölkerung stark verteidigt. Im Park leben die seltenen Krauskopfpelikane. Sonst ist meist wenig los. Wir schippern mit einem Boot durch enge Kanäle, suchen Flamingos und treffen auf Hochzeitspaare, essen köstliche Meeresfrüchte und lernen Shooting-Star Jonny kennen.

Ein fantastischer Blick erwartet uns vom Aussichtsturm auf Pinienwälder, die Lagune und das Meer.

Mitten im Pinienwald im Nationalpark Divjaka-Karavasta besteigen wir einen Aussichtsturm. Wir sind die einzigen Menschen an diesem Mittwoch Mitte August. Auf Betonstufen geht es 47 Meter hoch, dabei lugen wir durch die Wand aus schmalen Holzbrettern. Oben werden wir mit einer fantastischen Aussicht auf Wälder, die Lagune und das Meer belohnt und bekommen eine Ahnung von der Größe des Parks. Im Winter soll es hier voll mit Flamingos sein. Neben dem Aussichtsturm beginnt ein Wanderweg auf Holzplatten, der durch einen Mischwald und über Sumpfgebiete bis zum Dorf Divjake führt.

Der Nationalpark liegt in den Orten Divjake und Karavasta, die zum ehemaligen Kreis Lushnja gehören, wo ich aufgewachsen bin. Der Park wurde 1994 gegründet und ist am Adriatischen Meer zwischen den Flüssen Shkumbin und Seman. In Wattflächen, Dünen und Wäldern leben viele Tiere und Pflanzen, darunter seltene Arten wie der Dalmatinische Pelikan, auch Krauskopfpelikan genannt, von dem hier fünf Prozent des Weltbestandes existieren. 2022 schlüpften im Park 60 Karettschild-

HÄTTEN SIE'S GEWUSST?

Pelikane, Austernfische und Co.
Eine Tafel zeigt Vögel wie den Pelikan, die Stockente und die Wasserralle. Wir drücken auf den Knopf beim Pelikan und ein Grunzen ertönt. Und Weiteres lernen wir: Der nördliche Weißbrustigel rollt zur Abwehr seine Stacheln nach außen zu einer Kugel und ist bis zur Brutzeit Einzelgänger. Die Westliche Rohrweihe, ein einsamer Flugvogel, tummelt sich nur zeitweilig an besonders reichen Nahrungsgründen. Der eurasische Austernfischer, größter Wasservogel, ist bekannt für seine laute »Stimme«; er frisst Napfschnecken, Würmer und Krabben; beide Geschlechter teilen sich die Brutzeit der Eier.

Draußen lernen wir den Shooting-Star des Parks kennen: Pelikan Jonny. Er ist abgestürzt, hat sich den Flügel gebrochen und stolziert mit seinem krausen hellen Federschopf nun durch die Gegend. Jonny gehört zu den Krauskopfpelikanen und ist somit ein Brutvogel. Seine Artgenossen leben von Südeuropa über Teile Mittelasiens bis in der Mongolei. 2006 hat sich die Art erstmals in Deutschland als Irrgast gezeigt. Jonny hat entsprechend seiner Art eine Körperlänge von 160 bis 180 cm, ein Körpergewicht von rund 1013 Kilogramm und eine Flügelspannweite von 310 bis 345 cm. Der Schnabel dieser Spezies ist zwischen 370 und 450 mm lang.

kröten, die vom Aussterben bedroht sind. Zum Park gehört die mit einer Fläche von 45 Quadratkilometern größte Küstenlagune Albaniens, welche von Sumpfgebiet umgeben ist. Rund 12,5 Quadratkilometer der Lagune, der angrenzenden Pinienwälder sowie Teile des Sandstreifens zählen als internationales geschütztes Ramsar-Gebiet zum Schutzgebiet des Nationalparks. Die Lagune ist ein wichtiger Zufluchtsort für seltene Wasservögel, vor allem Zugvögel überwintern hier.

Führung im Besucherzentrum

Das Besucherzentrum liegt neben dem Aussichtsturm. Davor wird gegrillt, es riecht nach Barbecue. Im Gebäude erzählt unser Guide Elton Daka: »Der Park hat 32 200 Hektar und 262 verschiedene Vogelarten leben hier. Außerdem haben wir acht Wanderwege im Park.« Dafür gebe es eine Karte mit QR-Code und GPS-Daten. »Eine Million Besucher kommen jährlich, aus Albanien und dem Ausland«, sagt Daka. Man kann im Park auch campen. Im interaktiven Besucherzentrum tauchen wir beim Aufklappen, Klicken, Schauen und Hören in die Tierwelt des Parks ein.

Ökotourismus und Umweltschutz

Die albanische Regierung hat von 2012 bis 2014 mit Japan kooperiert, um ein System zur Erhaltung und nachhaltigen Nutzung des Parkes zu etablieren. Inzwischen werden Ökotourismus-Touren angeboten. In der mehrtägigen Route »Pelican's Tales« spielt der dalmatinische Pelikan eine Hauptrolle, Gäste können an der Pelikanzählung teilnehmen. Trotz aller Bemühungen wirken sich der Tourismus und die damit verbundenen Emissionen negativ auf das empfindliche Ökosystem und die Tierwelt aus. Verschmutzung, Abholzung, menschlicher Lärm und Neubauten bedrohen das Schutzgebiet. Im Jahr 2017 war ein Tourismus-Resort mit 370 Villen, 2350 Apartments, Yachthafen, Schwimmbädern und einer künstlichen Insel geplant, gegen das Umweltorganisationen und -verbände demonstrierten. Südlich des Nationalparks in Vlora trifft rund einen Monat nach unserem Besuch ein schwimmendes Kraftwerk in der Hafenstadt ein, das mit einem weiteren Kraftwerk Öl verbrennen und damit 15 Prozent des Energiebedarfs des Landes decken soll. Die albanische Bevölkerung protestierte täglich und forderte die Regierung auf, das Vorhaben zu stoppen.

Hochzeitsfotos im Nationalpark

Um 17 Uhr erreichen wir den Bootssteg bei einem kleinen Fluss in Divjake, wo unsere Bootsfahrt zur Lagune starten soll. Heute spielen Umweltthemen hier wohl keine Rolle. Statt Booten tummeln sich Hochzeitspaare mit ihren Familien, Freunden, Trauzeuginnen, Trauzeugen, Brautjungfern in lachsfarbenen Kleidern mit Blumenkränzen und Fotografen. Schleier werden zurechtgelegt, Haare gerichtet, nachgeschminkt. Die Bäume werfen Schatten Richtung Lagune. »Wie lange seid ihr schon zusammen?«, fragen wir ein Paar. »Zehn Jahre«, sagen sie mit ihrem

>
> **HOW TO BECOME AN ALBANIAN**
> Auf Albanisch heißt »Mirupafshim« »Auf Wiedersehen« und »Ciao« sagt man zu »Tschüss«.

kleinen Sohn auf dem Arm. Der weiße Tüll ihres Brautkleides Kleides liegt auf Kies.

»Morgen ist die Hochzeit, 200 Gäste kommen«, erzählt der Bräutigam im grauen Anzug. Die Fotos dafür würden sie heute machen. Kaum stellen sie sich vor – Roger und Anila, mit ihrem Sohn Roan –, verabschieden sie sich auch schon wieder. Fotografen warten. Anila reicht Roan ihren Brautjungfern, umarmt ihren Mann, dann entstehen Fotos auf einer Brücke, händchenhaltend, und weiter auf der anderen Flussseite.

»Wie viele Hochzeitspaare kommen täglich?«, fragen wir eine Frau, die hier arbeitet. »Heute waren es sieben, freitags meist 12 und montags und dienstags rund 15 bis 20.«

Heiraten in Albanien: arrangierte Ehe oder Liebesheirat?

Solche Brautpaar-Fotoshootings sind in Albanien normal, wenn man es sich leisten kann. Albanien hat nach dem Kosovo die zweithöchste Eheschließungsrate in Europa.

> *Heiraten ist hier in allen Gesellschaftsschichten wichtig, denn Familie ist wichtig.*

Bei der Wahl der Partnerin bzw. des Partners spielen Bildung und Wohlstand eine Rolle. Es ist meist eine Liebesheirat und selten arrangiert, aber wenn, dann subtil, als hätte man sich normal kennengelernt. Partner-Vorschläge werden gemacht, deren Ablehnung nur bis zu einem gewissen Grad möglich ist. Das kann besonders im traditionelleren Norden Druck bedeuten. Von Frauen wird in Albanien erwartet, dass sie heiraten, daher kennen viele nur ein Ziel: Hochzeit.

Gewalt gegen Frauen ist in Albanien verbreitet. Quellen wie die albanische Statistikbehörde und Amnesty International geben unterschiedliche Zahlen an. Demnach soll rund jede zweite bis dritte albanische Frau von häuslicher Gewalt betroffen sein. Männer betrachteten ihre Ehefrauen oft als persönlichen Besitz, so die Juristin Elona Saliaj in einem Beitrag von Deutschlandfunk Kultur im Jahr 2022. In meiner Familie und in meinem Freundes- und Bekanntenkreis erlebe ich das nicht. Es herrschen gute Beziehungen zwischen den Paaren. Auch bei Scheidungen sind meist beide Familien involviert. Albanien hat eine niedrige Scheidungsrate.

Die Hochzeit meiner Eltern war subtil arrangiert, aber ich denke, dass sie sich geliebt haben. Es gab

Kurzer Gruß an eine der Brautjungfern

ein großes Fest mit 200 bis 300 Gästen. Die Hochzeit meines Bruders dauerte eine Woche, ein Orchester spielte und Bekannte sowie Nachbarinnen und Nachbarn kamen.

Da die Gäste Geld schenken, verschulden sich die Familien meist nicht. Manchmal investiert die Familie des Bräutigams rund 20 000 Euro und mehr für ein besonders großes Fest. Dafür gibt es unzählige Hochzeitsausstatter. Heute wird meist samstags oder sonntags im Restaurant mit rund 100 bis 150 Gästen gefeiert. Auch Luisa und ich wurden auf eine Hochzeit eingeladen.

Auf den Kanälen mit Bootsfahrer Ismail

In Divjake reicht uns endlich Bootsfahrer Ismail seine Hand, wir steigen ins Holzboot. Ismail trägt einen beigen Hut, ein schwarzes T-Shirt und grinst hinter seiner großen schwarzen Sonnenbrille. Bei blauem Himmel und Sonnenschein schippern wir auf den Kanälen der Lagune. Vorbei an Inseln und unter Brücken hindurch, bei denen wir meinen, uns ducken zu müssen, obwohl wir problemlos durchpassen. »1,50 Meter ist es hier tief, falls Sie nicht schwimmen können«, sagt Ismail. Dann gibt er uns ein Fernglas und drei Kapitänsmützen, die unser Fahrer David, Luisa und ich aufsetzen. Durch das Fernglas beobachten wir Vögel.

Seine Kinder und Enkelkinder wohnen in Italien, er könne sich nicht vorstellen, das alles hinter sich zu lassen, sagt Ismail, hält den Motor fest und blickt über den Kanal, die Pinienwälder, Hügel und die Stadt Divjake. Im Gegensatz zu den temperamentvollen Menschen im Norden ist Ismail ruhig wie die meisten Menschen in meinem Geburtsort Lushnja. Die Aussicht scheint endlos.

Ich möchte nochmal zurückkehren, hier leben. »Wann?«, fragt Luisa. Das weiß ich noch nicht.

HÄTTEN SIE'S GEWUSST?

Warum Flamingos rosa sind und nachts fressen

Flamingos sind gesellig und leben in großen Kolonien. Sie sind rund 90 bis 155 Zentimeter groß und stehen meist aufrecht, obwohl sie gute Schwimmer sind. Flamingos waten in der Lagune und fressen auch nachts. Sie leben als verhältnismäßig große Vögel von sehr kleinen Organismen. Ihre Ernährung ist vielfältig. Plankton bildet ihren Nahrungsschwerpunkt, daneben fressen sie Fische, Krebse, Larven, Muscheln, Würmer. Ihre rosa Färbung bewirken Carotinoide, die sie über die Nahrung aufnehmen. Mit ihrem geknickten Seitenschnabel filtern sie diese aus dem Wasser oder Schlamm. Mithilfe von Enzymen wandeln sie die Carotinoide in der Leber um. Es entstehen Pigmente wie Canthaxanthin, das in Haut und Federn eingelagert wird. Im Zoo sind Flamingos aufgrund der unnatürlichen Ernährung eher weiß. Die Vögel balancieren mit minimalem Kraftaufwand auf einem Bein, das dann den Körperschwerpunkt bildet. Ein »Arretiermechanismus« ermöglicht das Balancieren selbst im Schlaf. Flamingos brüten nur, wenn sie geeignete Bedingungen vorfinden. Daher gehören sie zu den sogenannten opportunistischen Brütern.

Ich fühle mich in der Welt zu Hause, doch begreife ich die Schönheit dieses Ortes und spüre immer mehr meine Wurzeln.

Dann steigen wir aus dem Boot und auf einen Aussichtspunkt in der Lagune. Hierher kommen Deutsche, Franzosen, Polen und immer mehr Russen, erzählt Ismail. Wenn es vor der Pandemie 100 Gäste täglich waren, seien es jetzt 150. Wir schauen durch das Fernglas auf das Dorf, die Hügel, Olivenbäume, Berge, die große Lagune von Karavasta, ihre Inseln und auf rosa gefiederte Kugeln. Bei genauer Beobachtung können wir kleine Köpfe und lange dünne Beine und Hälse erahnen – Flamingos.

Wir steigen ins Boot, es geht zurück durch größere Kanäle, dann durch kleinere, vorbei an kurzen Sandstränden, unsere Haare wehen im Wind, kleine Wellen schlagen gegen das Boot. Auf einmal sind alle ruhig. Um 19 Uhr geht die Sonne unter und spiegelt sich jetzt noch mehr im Wasser, Vögel fliegen, es riecht nach Sonne im Pinienwald.

Magische Kirche Kisha e Shën Athanasit

Nach rund 25 Minuten Autofahrt, vorbei an Villen im italienischen Stil, an kleineren Häusern, Hügeln und Eselskarren, erreichen wir die Kirche Kisha e Shën Athanasit am nordöstlichen Ortseingang des Dorfs Bularat im Drino-Flusstal am Fuß der Berge. Die Kirche ist dem heiligen Athanasius, Patriarch von Alexandria, gewidmet. Vor der weißen und relativ niedrigen Kirche begrüßt uns Pfarrer Michael, der einen schwarzen Talar und ein schwarzes Barett trägt, seine Augen leuchten. Er erzählt: »Es ist eine orthodoxe Kirche, die zur Region Berat gehört. Wir wissen nicht, wer sie gebaut hat. Früher gab es vom Ufer bis zum Hügel rund 18 bis 20 Kirchen, die in der Diktatur zerstört wurden. Nur diese Kirche wurde gerettet, allerdings nicht ihr Turm.« Sein schwarzer Rock schwingt, wenn er spricht. Wir betreten die Kirche. Überall Wandmalereien und Ikonen, die ineinander überzugehen scheinen, zwei Kronleuchter werfen schwaches Licht auf die geschmückten Wände. Es wirkt magisch.

Im Gespräch mit Pfarrer Michael

Die Wandmalereien sind relativ gut erhalten. Alles original?
Ja, nur die Sitze sind restauriert. Wir haben Glück, dass es noch erhalten ist. Wir müssen die Wandmalereien vor Licht, Staub, Blitz und Strom schützen. Daher nutze ich Licht sparsam. Und natürlich hilft beten.

Haben Menschen während der Diktatur ihren Glauben gelebt?
Sie haben weiter geglaubt, denn sie haben den Glauben in sich gehabt. In der Familie konnten sie ihn ausleben, draußen nicht.

Wer besucht die Kirche?
In den letzten 20 bis 30 Jahren kommen überwiegend jüngere Menschen, auch Touristinnen und Touristen, vor allem Franzosen. Vom Dorf, in dem rund 120 Familien leben, gehen rund 20 Prozent in die Kirche. Davon sind fünf Prozent ältere Menschen und 15 Prozent jüngere. Es kommen auch Personen anderer Religionen.

Wie viele Menschen glauben in Albanien?
Unterschiedlich. Doch Glaube spielt in Albanien nicht die Hauptrolle.

Haben Sie eine Botschaft?
Respektiert und liebt einander, nur so können wir vorankommen.

In Albanien ist die Mehrheit Anhänger des Islam, größte Minderheit sind Christen. Von 1967 bis 1990 wurde Albanien zum atheistischen Staat erklärt, jede Religionsausübung war verboten. Noch immer bekennen sich die meisten Albanerinnen und Albaner nicht offiziell zu einer Religion, wenige praktizieren ihren Glauben aktiv. Dennoch erinnern sie sich an die religiöse Tradition ihrer Familien, sind stolz auf ihre Toleranz und Harmonie. Meine Urgroßeltern waren muslimisch und christlich. Meine Eltern waren nicht religiös. Ich brauche einen ruhigen Ort, ob in der Kirche, Moschee oder im Tempel bete ich in meiner Sprache.

Wir haben die Kirche noch nicht verlassen, da schaltet Pfarrer Michael bereits das Licht aus.

Was und wo?

Kirche Kisha e Shën Athanasit
Schön gelegene Kirche mit architektonischen Elementen aus verschiedenen Epochen. Im Inneren der Basilika schmücken Malereien und Ikonen die Wände. Täglich rund um die Uhr geöffnet.
- VFHW+56G, Karavasta e Re
 www.religiousroutes.eu/sq/destination/kisha-e-shen-athanasitbularat

Auf dem Boot mit Kapitän Ismail

Divjaka-Karavasta Nationalpark
Wunderschöner Nationalpark rund eineinhalb Autostunden von Tirana entfernt. In den Pinienwäldern, Dünen und Flüssen leben seltene Arten wie der Krauskopfpelikan. Auch Flamingos können beobachtet werden. Zum Park gehört die größte Küstenlagune Albaniens. Zudem gibt es viele Wandermöglichkeiten.
- Lagja nr.2, Divjake, Lushnje 9022
 www.akzm.gov.al

Bootsfahrten
Ausgangspunkt für die Bootstouren durch Kanäle und zur Lagune ist Divjake. Dafür fahren Sie von Divjake Richtung Nationalpark. Kurz vor Beginn des Pinienwaldes befindet sich der Anlegesteg. Eine Bootsfahrt dauert rund 30 Minuten und führt zu einem Aussichtspunkt, wo Sie Flamingos beobachten können. Die Tour startet, sobald fünf Personen da sind. Täglich geöffnet von 9 bis 19 Uhr.

TIPPS

ESSEN & TRINKEN

Restorant Te Ruvi
Im Restorant Te Ruvi im Nationalpark gibt es leckeren Fisch und Meeresfrüchte. Wir sitzen zwischen Pinien, unser Tisch füllt sich mit Fisch, Garnelen, Langusten, Kalmaren, alles frisch und empfehlenswert. Zum Nachtisch gibt es Melonen: eine Kindheitserinnerung!
- Divjakë
 www.facebook.com/RestorantTeRuviDivjake

Përmet – die grüne Lunge des Balkans

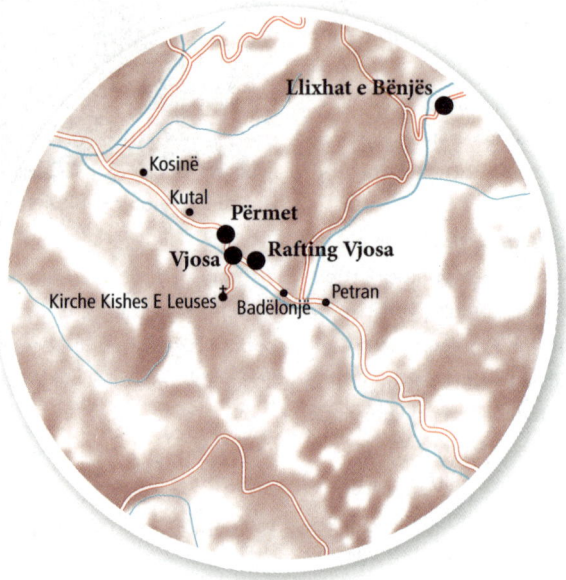

Përmet ist ein Ort der natürlichen Superlative. An dem Tag, an dem Gott Përmet schuf, muss er mit sehr viel Liebe zur Natur erfüllt gewesen sein. Er zeichnete die Stadt als zeitlose Landschaft, in der die Berge, Hügel, Flüsse und Wälder für immer so schön wie am ersten Tag blieben. Bis heute sind die ursprünglichen römischen Ortsnamen erhalten geblieben, wie der Name des Flusses Vjosa, der das gesamte Tal durchzieht und der einzige unberührte, wahrhaft wilde Fluss Europas ist!

Përmet liegt isoliert, man muss bewusst hinfahren, denn man kommt nicht mal ebenso hindurch oder daran vorbei. Es ist Anfang August, als wir die Brücke über dem Fluss Vjosa überqueren und Përmet erreichen. Ich bin zum ersten Mal in Përmet, dabei habe ich die ersten fünf Jahre meines Lebens in Vasjari verbracht, das eine Fahrstunde vor Përmet oberhalb der Vjosa am Berg liegt. Jetzt höre ich das Flussrauschen, das damals von Autos der nahe gelegenen Straße übertönt wurde. Die Brücke über die Vjosa ist wie eine Tür, durch die man eintritt, ohne klopfen zu müssen. An ihrem Ende grüßt ein Willkommensschild in Großbuchstaben: WIR HABEN KEIN MEER, ABER ALLES ANDERE. Ich möchte es packen, dieses »ALLES ANDERE«, es in die Hand nehmen. Das Wasser aus den Bergquellen fließt von hier aus weiter ins Meer und lässt die Bürger an den Ufern der Vjosa zurück mit trockenen Lippen.

Volksmusik aus Përmet
Als wir in Përmet ankommen, hören wir Volksmusik. Mädchen in traditionellen Kostümen tanzen und singen.

In Albanien wird über die Liebe gesungen, über schöne Frauen, über die Landschaft.

Doch die Volksmusik hat oft ihren ursprünglichen Stil verloren, neue Lieder basieren auf alten Songs. In Përmet ist sie meist noch authentisch. Es gibt ein Volksmusik-Sommerfestival, eine Volksmusik-Woche für die Mütter und die Großmütter. Beim sogenannten »Nonna Day« tauschen Großmütter im zentralen Park ihre Rezepte aus und alle versammeln sich, um ihre Gerichte zu kosten. Ziel: Der wachsenden Kluft zwischen Alt und Jung entgegenzuwirken und sie zusammenzubringen.

Der Riesen-Stadtstein
Përmet ist eine ruhige Stadt, hier hat alles seinen Platz. Es gibt bis auf ein Hotel keine neuen Gebäude im Zentrum. Dafür einen nicht zu übersehenden Felsen neben dem Fluss Vjosa. Er ist bis zu 15 Meter

HÄTTEN SIE'S GEWUSST?

Der letzte wilde Fluss Europas
Die Vjosa entspringt in den griechischen Bergen und mündet nach 272 Kilometern in Albanien in die Adria. Dabei entwässert sie ein Gebiet von 6706 Quadratkilometern, nimmt überschüssiges Oberflächenwasser auf und transportiert es ab. Bisher ist die Vjosa von großer Besiedlung und Industrialisierung verschont geblieben, ein einzigartiges Ökosystem konnte sich entwickeln. Damit gehört sie zu den wenigen naturbelassenen Wildflüssen Europas: Sie sucht sich ohne menschlichen Einfluss ihren Lauf, Tier- und Pflanzenarten können sich frei entfalten: 2014 wurden hier mehr als 370 Arten entdeckt. 2022 unterzeichnete die albanische Regierung die Erklärung zur Errichtung des ersten Wildflussnationalparks Europas – ein Meilenstein für den Naturschutz.

lang, bis zu 15 Meter breit und bis zu 25 Meter hoch. Hier wachsen zahlreiche Blumen, von oben hat man einen tollen Blick auf die Stadt. In der Antike stand der Stein im Fluss, und Përmet war unter dem Namen »Trifilia« bekannt. Der heutige Name stammt von Premti, Held der Antike, der nicht lebend in die Hände der Feinde fallen wollte und von diesem Felsen sprang.

In der Nähe des Steines erinnert eine Gedenktafel an einem heruntergekommenen Haus an die Schlacht zur Befreiung des Landes von den Nazis. Während des Zweiten Weltkriegs wurde die Stadt viermal niedergebrannt und überschwemmt. Heute leben in Përmet rund 6000 Menschen.

Im Zentrum besuche ich einen schönen Markt mit Obst, Gemüse, Kleidung, Souvenirs und Stickereien. In den Schaufenstern sehe ich Wein und Schnaps aus den 426 Hektar Weinbergen rund um Përmet.

Vom Börekstand zur Bürgermeisterin

Der Börek in Përmet gilt als besonders lecker. Auf der Promenade treffe ich zufällig die Bürgermeisterin und frage sie nach einer Empfehlung. Byrektore Byrek Cästi soll am besten sein, sagt sie. Von außen wirkt der kleine Laden an der Ecke unscheinbar. Drinnen wird frisch gebackener

Börek verkauft, ein Blätterteiggericht aus dünn gewalztem Yufka-Teig mit einer würzigen Füllung. Es duftet nach Brot, Zwiebeln, Käse und Fleisch. Der Börek schmeckt fantastisch! Ich denke an meine Mutter, ein Profi in der Börek-Kunst. Drei bis vier Stunden braucht sie für ein Blech. Börek kennt man in Griechenland, in der Türkei, im ganzen Balkan. In manchen Ländern werden für Börek zwei Pita-ähnliche Fladen aufeinandergelegt. In Albanien wird Börek mit einem sogenannten *Pec*, das einem Nudelholz mit einem Durchmesser von rund vier bis fünf Millimetern ähnelt, Schicht für Schicht hergestellt.

Später besuche ich Bürgermeisterin Alma Hoxha und ihr lichtdurchflutetes Büro mit Bergblick.»Heute mache ich für ein Volleyballturnier Börek«, erzählt sie. Das Turnier findet an der Vjosa statt. Das Ziel: den Fluss schützen, denn Wasserkraftwerke seien in Planung und würden ihn bedrohen.

Im größten Nationalpark Albaniens und in der grünen Lunge des Balkans

Naturschutz ist hier besonders wichtig, denn die Region um Përmet gilt wegen ihrer üppigen Wälder und ihres Wasserreichtums als »grüne Lunge des Balkans.« Përmet ist Teil vom 1996 errichteten Nationalpark Hotova-Dangell, der in einem Seitental der Vjosa ursprünglich eine Fläche von 1200 Hektar umfasste. 2008 wurde er auf 34 361 Hektar erweitert und ist somit der größte Nationalpark Albaniens. Im Park gibt es mehrere jahrhundertealte Bäume und viele mazedonische Kiefern. Hier leben auf Wiesen und tief in den Wäldern Braunbären, Wölfe, Rotfüchse, Steinmarder, Wildschweine, Eichhörnchen und Rehe. Auch die Lengarica-Schlucht und die Thermalquellen zählen zum Nationalpark Hotova-Dangell.

Rafting in der Schlucht von Lengarica

Von der Stadt Përmet orientieren wir uns am Fluss Lengarica als unserem Kompass. Wir kommen vorbei an Höhlen, duftenden Bäumen, Sträuchern und dann zwischen hohe Felsen, die sich über unseren Köpfen erheben und die Schlucht Lengarica bilden. Sie liegt rund elf Kilometer südöstlich von Përmet.

> *Die Lengarica wird aus den reißenden Gewässern der Vjosa geboren und fließt hier durch die gleichnamige Schlucht, die spektakulärer wird, je länger wir ihrem Lauf folgen.*

Forschungen beweisen, dass die Höhle von Pëllumba sowie andere Höhlen prähistorische Siedlungen waren. In ihrem Inneren sind tausend Jahre alte Formen von Stalaktiten, von der Decke hängende Tropfsteine, sowie Stalagmiten, vom Boden emporwachsende Tropfsteine, die Säulen bilden. Wir fahren über die Katiu-Brücke, eine Bogenbrücke aus Stein, und erreichen den Startpunkt der Organisation Albania Rafting Group. Ich schaue mir das Raftingboot an und weiß: Ich habe zu viel Angst davor. Doch mein Sohn Charlie macht die Tour und erzählt mir danach von der Flussströmung, vom Klippenspringen, von ein bisschen Angst und großer Freude. Unser Fahrer David rezitiert einen Vers, den viele unserer Gesprächspartner in den kommenden Tagen wiederholen werden: »Përmet, du Paradies, wenig Brot und Wasser wie ein Meer.«

Gespräch mit Alma Shpatara über den Aufbau des Raftings in Albanien

Einige Tage später treffe ich die Albanerin Alma Shpatara, die mit ihrem Mann Zamo Shpathara das Rafting in Albanien aufgebaut hat, in ihrem berühmten Restaurant, dem Hotel Castel in Berat.

Alma Shpatara und ihrem Mann Zamo Shpathara gehört die Organisation Albania Rafting Group. Sie reisen zusammen seit 1999 durch die Schluchten in Përmet und Berat. Später haben sie Freunde dazu eingeladen. Das Paar präsentierte seine Idee, aus dem Rafting eine touristische Attraktion zu schaffen, dem albanischen Staat und bekam acht Jahre keine Förderung. Bis die amerikanische Botschaft sie finanziell unterstützte, damit sie Ausrüstung kaufen konnten. Dann sollten zwei Wasserkraftwerke im Fluss Osum gebaut werden. Die Bevölkerung demonstrierte mit Erfolg dagegen, sie wurden nicht gebaut. Auch Alma

Das wäre mir (ganz im Gegensatz zu meinem Sohn Charlie) viel zu gefährlich – Rafting in der Lengarica-Schlucht.

Shpatara und ihrem Mann wurde Geld angeboten, damit sie den Widerstand aufgeben – was sie ablehnten. Heute ist Zahm Shpathara Präsident des albanischen Rafting-Verbandes.

Baden und maskieren in den Thermalquellen von Bënje

Nach dem Rafting fahren wir zu den Gewässern von Bënje, die am Fuß der Katiu-Brücke unterhalb der Lengarica-Schlucht liegen. Der Fluss Lengarica verzweigt sich hier in zahlreiche Nebenarme, zwischen ihnen sind Natursteinbecken mit schwefelhaltigem Wasser, die trotz der kühlen Flussströmung immer eine Temperatur von rund 20 bis 30 Grad Celsius haben. Ihr Wasser enthält Salze wie Hydrogencarbonate und Schwefelwasserstoff. Die Gewässer sind Teil der geologischen Kruja-Zone, die sich von der nordalbanischen Stadt Kruja bis nach Griechenland zieht und Thermalquellen umfasst. Das Thermalwasser von Bënje entspringt am Fuß der blauen Höhlen, dem Syri i Kaltër, und mündet in den Ausläufern des Flussbetts. Es wird angenommen, dass die Quellen aus tiefen

Rissen unter den Felsen der Lengarica-Schlucht entspringen. Die Quellen von Bënje sind die wasserreichsten Thermalquellen des Landes.

Wir gehen barfuß über die Wiese, neben uns Steine und Thermalquellen, wie überdimensionale Steinbadewannen, die ein Wasserfall mit frischem Wasser füllt.

Wir riechen Schwefel und steigen in eine der warmen Quellen. Wasserdampf steigt über der hundertjährigen Katiu-Steinbrücke auf, schäumendes Wasser fließt in die Schlucht. Pure Entspannung. Viele Menschen suchen hier Heilung bei rheumatischen Problemen, Haut- und Nierenerkrankungen oder Magenverstimmungen. Die Gewässer und ihre regenerierende Wirkung waren bereits in der Römerzeit bekannt. Während des Kommunismus wurde der Badetourismus angekurbelt, ganz nach dem albanischen Sprichwort »Aty ku hyn natyra, nuk ka vend per Doktorin« (deutsch: »Wo die Natur eintritt, kommt der Arzt nicht«).

Dann klettern wir über Steine zu einer Grotte hinter dem Wasserfall. An den Wänden ist eine feste Schlammschicht. Wir schmieren uns den Schlamm auf unsere Gesichter und entspannen zwischen anderen Menschen mit Schlammmasken. Ein wunderschönes Hautgefühl! Als wir den Schlamm abwischen, ist unsere Haut samtweich. Bevor wir gehen, packe ich etwas Schlamm in einen Plastikbeutel, der mit mir bis nach Deutschland fliegen wird.

Poesie aus Përmet

Aus Përmet stammen viele Künstlerinnen und Künstler wie der berühmte Schriftsteller Sejfulla Maleshova, ein Funktionär der Kommunistischen Partei. 1939, nach der italienischen Besatzung Albaniens, kämpfte er als Partisan und selbst ernannter »Rebellendichter« gegen die deutschen und italienischen Besatzungstruppen.

Der Dichter Naim Frasheri, geboren 1846 in Përmet, schrieb auf eine tiefe und schöne Art über Migration. Damals verstand man seine Ansichten nicht. Frasheri ist nach Griechenland und in die Türkei ausgewandert und wusste, wie man sich als Migrant fernab der Heimat fühlt. In seiner Poesie zeigt er seinen nostalgischen Schmerz mit der Bewunderung für Albaniens Landschaft und Traditionen.

Folgenden Auszug aus dem Gedicht »Bagëti e Bujqëse« (deutsch: »Bauernhof und Landwirtschaft«) von Naim Frasheri, habe ich für Sie übersetzt, auch wenn es kaum möglich ist, die albanische Poesie im Deutschen auszudrücken.

Oh Berge Albaniens und ihr, oh hohe Eichen! Die weiten Felder
mit Blumen, die ich Tag und Nacht vor Augen habe!
Du schöne Küste und deine klaren Flüsse!
Äste, Hügel, Talrippen, Schluchten und grüne Wälder!
Ich werde von dem Vieh singen, das du hältst und fütterst,
Oh gesegnetes Land, du unterhältst meine Gedanken.
Du Albanien, gib mir Ehre, gib mir den albanischen Namen,
Du hast mein Herz voller Sehnsucht und Feuer.

Mit einem Ableger nach Hause

Am nächsten Tag verlassen wir vor Tagesanbruch Përmet. Ich nehme schöne Erinnerungen mit, die grenzenlose Liebe der Menschen, ihre Freundlichkeit, ihren Respekt gegenüber der beeindruckenden Natur.

Ein Hotelbesitzer schenkt mir einen Ableger der roten Flamingoblume. Die Pflanze wächst nun weiter im Haus meines Bruders in Albanien. Inzwischen hat sie Wurzeln bekommen und ihre Größe und Blätter haben sich vervielfacht.

Als ich rund zwei Monate nach unserer Recherche für ein Konzert in den USA in Dallas bin, treffe ich den Komponisten Anthony Elia, der spontan diese Arie für mich komponiert:

Heimatland.
Was ist Heimat?
Wo ist Heimat?
Wann ist Heimat?
Mein Zuhause und mein Heimatland
sind in meinem Herzen.

Was und wo?

**Nationalpark Hotova-Dangell
(Parku Kombëtar Bredhi i
Hotovës-Dangelli)**
Der größte Nationalpark Albaniens, auch als »grüne Lunge des Balkans« bezeichnet, erstreckt sich mit seiner vielfältigen Tierwelt, jahrhundertealten Wäldern und Dörfern über eine abgelegene Bergregion. Im Süden umfasst der Park mehrere Täler. Bei Petran ist die Lengarica-Schlucht mit den Thermalquellen.
• www.akzm.gov.al

**Thermalquellen von Bënje
(Ujrat Termale te Bënjës)**
Baden ist in den warmen Quellen unterhalb der Lengarica-Schlucht ganzjährig möglich und besonders im Winter ein Erlebnis. Trotz der heilenden Wirkung sollte man nur max. 25 Minuten täglich in den Steinbadewannen verbringen.
• 6CVJ+GXM, Ogdunan
  www.bashkiapermet.gov.al/
  banjat-termale

**Schluchten von Lengarica
(Kanioni i Lengaricës)**
So beeindruckend! Die schmale Schlucht-Klamm ist vier Kilometer lang und 100 Meter tief. Ein Rundwanderweg führt durch den Wald zu schönen Aussichtspunkten. Kanutouren durch die Schluchten sind je nach Wetter möglich.

Albania Rafting Group
Die Albania Rafting Group bietet Rafting im Përmet- und Vjosa-Tal an. Die Guides sind Profis und das Rafting durch die Schluchten ein Erlebnis. Über die Webseite des Hotel Castel in Berat können Sie Touren online buchen oder auch in Përmet über das Hotel Alvero Përmet.
• www.albrafting.org

Riesiger Stadtstein (Gur i Qytetit)
Das Symbol von Përmet ist nicht zu übersehen. Der Legende nach soll Oberherr Permët auf dem Stein eine Burg errichtet haben. Noch heute sind auf dem Stein Mauern davon erhalten.
• www.bashkiapermet.gov.al/
  guri-i-qytetit

Byrektore Byrek Cästi
Hier gibt es den besten Börek, der im Laden frisch zubereitet wird. Das kleine Geschäft befindet sich neben dem Markt Byrektore prane Merkatos und ist bei Einheimischen sehr beliebt.

Soll heilsam sein: Wasser der Quelle Uje I Ftohte

| TIPPS |

ESSEN, TRINKEN & ÜBERNACHTEN

Sofra e Permetit
Traditionelles Essen, freundliche Gastgeber, tolles Preis-Leistungs-Verhältnis. Inhaber Tani bezieht alle Produkte direkt von Bauern.
• Shëtitorja Mentor Xhemali, Përmet

Hotel Alvero Përmet
Schönes, zentral gelegenes Hotel mit Aussicht. Manager Vasillaq möchte es authentisch gestalten und ist optimistisch, dass es einen Boom gibt, besonders in Përmet.
• Qender Center, Përmet
www.hotelalvero.com

AUSFLÜGE

Leus-Kirche (Kishe E Leusës)
Die Stein-Basilika aus dem 17. Jahrhundert, zu Fuß in ca. 30 Minuten von Leusë erreichbar, steht von drei großen Bächen umgeben einsam zwischen Bäumen. Die Seitenschiffe decken Kugelkuppeln, das Mittelschiff ein zylindrisches Gewölbe. Die Wandmalereien sind von 1812, die geschnitzte Ikonostase von 1817. Wegen ihrer Größe und der Säulen wirkt die Kirche wie ein Mix aus Kloster und Tempel.
• 6994+WW3, Leusë
www.bashkiapermet.gov.al/
kisha-leuse

Kelycre und Tepelene
Kelycre bietet ein beeindruckendes Bergpanorama und rundherum jahrhundertealte orthodoxe Kirchen. Tepelene im Vjosa-Tal ist als Geburtsort des Osmanen albanischer Abstammung Ali Pascha bekannt, Herrscher über große Teile des osmanischen Albaniens und Griechenlands. Hier sitzt auch das Mineralwasser-Unternehmen *Uje I Ftohte* (deutsch: kaltes Wasser). Wer das Quellwasser trinkt, soll sich geheilt fühlen.

Und noch mehr Albanien

Luisa schaut mir bei der Zubereitung von Börek über die Schulter.

Geschichte

STEINZEIT
30 000–10 000 v. Chr.: erste Siedlungen

BRONZEZEIT UND ANTIKE
5. Jh.–ca. 250 v. Chr.: sporadische Reiche unter illyrischer Herrschaft
27 v. Chr.: Integration Illyriens ins Römische Reich: christlicher Einfluss
395: Teilung des Römischen Reichs: Nordalbanien gehört zum Westreich, der Süden zum Ostreich. Bis heute christliche römisch-katholische Mehrheit im Norden, christliche orthodoxe Mehrheit im Süden

MITTELALTER
Nach dem Zerfall des Römischen Reichs gehört das heutige Albanien zum Byzantinischen Reich
1204: Zusammenbruch der byzantinischen Herrschaft
Bis Ende des 14. Jh.: Kriege und Teileroberungen durch Italien, Serbien, Venedig, Machtergreifungen lokaler Fürsten
Ab 1388: osmanische Herrschaft, Beginn des türkischen Einflusses auf Kultur besonders im Süden
1443–1468: Widerstand gegen Osmanen unter Skanderbeg, Fürst von Kruja
1479: ganz Albanien unter osmanischer Herrschaft. Großteil der albanischen Bevölkerung tritt freiwillig oder gezwungen zum Islam über

NEUZEIT
17. Jh.: Mehrheit der Bevölkerung ist muslimischen Glaubens
19. Jh.: Widerstand gegen osmanische Herrschaft, Entstehung einer Nationalbewegung für ein unabhängiges Albanien
1878: Gründung der Liga von Prizren im Kosovo: Versammlung albanischer Intellektueller zur Vertretung der nationalen Interessen Albaniens
1881: gewaltsame Zerschlagung der Liga durch die Osmanen
1887: Gründung der ersten säkularen Schule, Verbreitung des Albanischen als Landes- und Schriftsprache
1910–1912: erfolgreicher Krieg gegen die Osmanen/Türken
28.10.1912: Ausrufung eines unabhängigen Fürstentums Albanien. Völkerrechtliche Anerkennung, bedeutende Landesteile fallen an Griechenland, Montenegro und Serbien
Dez. 1924: Putsch durch Ahmet Zogu. Folge: gewisse Stabilität, Wirtschaftsaufschwung, Aufbau von Armee und Behördenapparat, Ausbau der Infrastruktur. Keine freie Presse
21. Januar 1925: Gründung der Republik Albanien

1928: Monarchie unter König Zogu I.
1939: italienische Invasion unter Mussolini
Sept. 1943: Kapitulation Italiens
Bis Ende 1944: Besatzung durch deutsche Wehrmacht, Bürgerkrieg zwischen Kommunisten und konservativer Widerstandsbewegung
1944–1985: kommunistische Einparteienherrschaft (Diktatur) unter Enver Hoxha: Überwachungsstaat mit Geheimpolizei Sigurimi, Verfolgung und Ermordung politischer Gegner
1944–1948: außenpolitische Anlehnung an Jugoslawien
1948–1968: Verbündung mit der Sowjetunion
1967: offizielle Erklärung zum »atheistischen Staat«
1968–1978: außenpolitische Orientierung an China
1985: Tod von Evner Hoxha, während Regierungszeit des Nachfolgers Ramiz Alia zurückhaltende Reformen
1990: Sturz des Regimes, Gründung der Demokratischen Partei
1992: Demokratische Partei gewinnt die ersten freien Wahlen, radikale Wirtschaftsreformen
1997: Unruhen wegen politischer Unzufriedenheit und katastrophaler Wirtschaft, Entsendung von UNO-Schutztruppen. Sozialistische Partei gewinnt Parlamentswahlen
Sept. 1998: Mord an populärem Oppositionellen Azem Hajdari führt zu erneuten Unruhen

Ruinen von Agora und Schatzhaus des Asklepios-Heiligtums in Butrint

1999: Höhepunkt des Flüchtlingsstroms in EU-Länder vor allem aus dem Kosovo
2006: Unterzeichnung eines Stabilisierungs- und Assoziierungsabkommens mit der EU
2009: Beitritt zur NATO, Aufnahmeantrag in die EU
2013: Edi Rama, ehemaliger Bürgermeister von Tirana, wird Ministerpräsident, regiert mit einer Allianz von Sozialistischer Partei Albaniens und anderen Parteien
2014: Albanien wird offizieller Beitrittskandidat der EU
2015: bewusster Aufarbeitungsprozess der Jahre unter Hoxha beginnt
2017: Wahlsieg und Alleinregierung der Sozialistischen Partei
2021: Wahlsieg der Sozialistischen Partei, es folgt die dritte Amtszeit von Edi Rama
Juli 2022: Beitrittsgespräche Albaniens mit der EU

Albanien von A–Z

ANREISE

Die Anreise per Direktflug nach Tirana bietet sich von München, Frankfurt, Memmingen oder Dortmund an. Eine andere Möglichkeit ist im Sommer ein Flug nach Korfu, Griechenland, und von dort aus mit der Fähre nach Saranda in Albanien. Ebenfalls Fähren gibt es von Bari, Brindisi, Ancona oder Triest in Italien ins albanische Durrës, nach Vlora oder Saranda.

Wer mit dem eigenen Auto anreisen möchte, entweder über Italien in Kombination mit einer Fährfahrt oder durch verschiedene Balkanländer, sollte für die Fahrt Zeit einplanen. Vollständige Autopapiere sowie die grüne Versichertenkarte nicht vergessen und unbedingt darauf achten, dass die Versicherung auch Schäden in Albanien abdeckt.

Große Grenzübergänge sind rund um die Uhr geöffnet, allerdings ist mit längeren Wartezeiten vor allem im Sommer zu rechnen.

ÄRZTLICHE VERSORGUNG

Die medizinische Versorgung in Albanien entspricht nicht deutschen Standards, die Erstversorgung ist jedoch meist gesichert. Operationen sollten nur im äußersten Notfall vor Ort erfolgen. Es ist empfohlen, eine Auslandskrankenversicherung abzuschließen und benötigte Medikamente in ausreichender Menge mitzunehmen.

Apotheken in Albanien können in leichten Fällen helfen, sind jedoch in der Regel nicht so ausgestattet wie in Deutschland.

EINREISE

Für die Einreise benötigt man einen Personalausweis oder Reisepass, der noch mindestens drei Monate gültig ist. Besondere Impfungen werden für Albanien nicht benötigt.

Man sollte weiterhin die aktuellen Covid-Maßnahmen im Land auf der Seite des Auswärtigen Amtes beobachten. Wer wandernd über die Albanischen Alpen einreist, muss sich schnellstmöglich bei einer Polizeistation anmelden, da sonst der Verdacht des illegalen Aufenthalts entsteht.

DIPLOMATISCHE VERTRETUNGEN

In dringenden Notfällen, wie auch schweren medizinischen Notfällen, erreicht man die deutsche, österreichische und Schweizer Botschaft in Tirana.

Die Internetseiten der Botschaften bieten Antworten auf diverse Fra-

gen zu Notfällen und eine Liste mit Notfallnummern und Ärzten.
- Deutsche Botschaft
  8RH5+P54, Tirana
  www.tirana.diplo.de/al-de
- Österreichische Botschaft
  Rruga e Xibrakëve, Tirana 1010
  www.bmeia.gv.at/oeb-tirana
- Schweizer Botschaft
  Rruga Ibrahim Rugova Nr. 3/1,
  Tirana 1019
  www.eda.admin.ch/tirana

MOBILFUNK

In Albanien sind die drei größten Anbieter Vodafone, Eagle Mobile und One, vormals Telekom Albania. Vodafone wird Touristen generell empfohlen.

SIM-Karten können zum Beispiel im Vodafone-Shop gekauft werden. Es empfiehlt sich, nicht in den Shop am Flughafen zu gehen, sondern einen der vielen Shops in den Städten aufzusuchen. Dort kann man das Paket auswählen, das sich am besten für die Reise eignet.

Für 21 Tage gibt es 35 GB, unlimitiert telefonieren und SMS schreiben.

Die Netzabdeckung mit zumeist 4G ist in Albanien generell gut. Im Allgemeinen gibt es hier auch einen besseren Zugang zum LTE-Netz als in Deutschland.

Die generelle Internet-Abdeckung in Albanien ist jedoch unterdurchschnittlich.

NOTRUF

- Internationale Notrufnummer:
  Tel. 112 (englisch)
- Erste-Hilfe-Notruf: Tel. 127 oder
  Tel. +355 4 222 22 35 (englisch)
- ERA (Emergency Response Albania, staatlich unabhängige Rettungsorganisation): Tel. +355 68 211 21 12

ÖFFNUNGSZEITEN

Geschäfte öffnen Montag bis Samstag üblicherweise zwischen 8 und 9 Uhr und schließen zwischen 19 und 20 Uhr, Lebensmittelläden erst um 22 Uhr. Mittagsruhe ist üblich. Einige Geschäfte haben auch sonntags geöffnet, kleine Läden und insbesondere Cafés und Bars in Tirana teilweise rund um die Uhr. Regionale Abweichungen sind möglich.

POST

Die Posta Shqiptare (deutsch: Schnelle Post) ist das staatliche und größte Postunternehmen Albaniens. Eine Sendung nach Deutschland dauert 72 Stunden, es gibt jedoch auch Expressversand von 24 Stunden in EU-Länder. Das Porto für Pakete beginnt bei 60 Euro. Es gibt landesweit rund 550 Filialen. Infos unter www.postashqiptare.al

SPRACHE

Albanisch ist die Amtssprache Albaniens. Es sprechen zwar viele Albaner Englisch, Griechisch oder Italienisch, man sollte sich jedoch nicht darauf verlassen, dass auf Ämtern und besonders außerhalb der touristischen Zentren englisch gesprochen wird. Es lohnt sich immer, einige albanische Wörter, ein Wörterbuch oder einen Übersetzer parat zu haben.

UNTERWEGS IN ALBANIEN
Mit dem Bus
Eine Busfahrt innerhalb Tiranas kostet 40 Lek. Denken Sie also daran, Kleingeld für den Bus mitzunehmen. Das Geld wird im Bus eingesammelt. Busse fahren in Tirana regelmäßig.
Die großen Städte Albaniens sind ganz gut per Bus verbunden, man muss etwas Geduld mitbringen, wenn man öffentlich reist, aber meistens fahren die Busse nach Plan. Schilder in der Windschutzscheibe zeigen das Ziel an. Je früher am Tag man losfährt, desto besser, nachmittags bis abends fahren generell weniger Busse. Auch hier wird das Ticket im Bus verkauft.
Es gibt auch sogenannte »Furgons«, kleinere Busse, die weniger häufig befahrene Strecken abdecken. Diese fahren unregelmäßiger und sind oft überfüllt, bieten jedoch einen Weg in Dörfer und über Bergstraßen. Hier bezahlt man, wenn man aussteigt.

Mit dem Zug
Züge für den Personentransport gibt es in Albanien in sehr beschränktem Umfang. Das Netz erschließt die Küstenebenen Mittel- und Nordalbaniens sowie den Südosten des Landes. Wer die Bahn nehmen möchte, reist mit einer durchschnittlichen Geschwindigkeit von 40 km/h eher langsam. Tickets können nur für den sofortigen Fahrtantritt am Bahnhof gekauft werden.
www.infrastruktura.gov.al

Mit dem Mietwagen
Albaniens Straßennetz wird immer mehr ausgebaut, daher ist auch ein Mietwagen eine Option. Internationale Anbieter gibt es am Flughafen oder in größeren Städten.

Mit dem Fahrrad
Wer sich von den Hauptverkehrsstraßen fernhält, kann Albanien auch mit dem Fahrrad erkunden. Ländliche Gegenden bieten sich für

Shkodra lässt sich auch radelnd bestens erkunden.

schöne Touren an, nur sollte man bei der Routenplanung immer Hitze und Verkehr im Blick haben.

URLAUBSKASSE

Tasse Kaffee	90 Lek (ca. 0,75 €)
Cola	90 – 120 Lek (ca. 0,75 – 1 €)
Glas Bier	170 – 250 Lek (ca. 1,40 – 2,20 €)
Portion Börek	50 – 80 Lek (ca. 0,40 – 0,70 €)
Fischgericht am Strand	500 – 1000 Lek (ca. 4,20 – 8,50 €)
Eis	50 – 120 Lek (ca. 0,40 € – 1 €)
Taxifahrt (pro km)	180 – 200 Lek (ca. 1,50 – 1,70 €)
Mietwagen/Tag	3300 – 4000 Lek (ca. 30 – 38 €)
Benzin/Liter	180 – 200 Lek (ca. 1,50 – 1,80 €)
Übernachtung im Hotel	ab 3200 Lek (ab ca. 30 €)

STRASSENVERKEHR

In Albanien herrscht außerdem Gurtpflicht, auch tagsüber muss man mit Licht fahren. Höchstgeschwindigkeit auf Autobahnen liegt bei 110 km/h, auf Schnellstraßen 90 km/h, über Land 80 km/h und innerorts 40 km/h. Die Promillegrenze liegt bei 0,1.

Vorsichtig fahren ist ratsam, weil der Verkehr teils sehr chaotisch ist und gelegentlich auch Tiere die Fahrbahn kreuzen. Straßenkarten und -beschilderungen sind oftmals nicht auf dem neuesten Stand. Es empfiehlt sich daher, bei Tageslicht zu fahren. In abgelegenen Regionen gibt es oft keine Tankstellen, für längere Unternehmungen ist ein Ersatzkanister ratsam.

WÄHRUNG

Die Landeswährung ist der albanische Lek (ALL), Euro werden nur selten angenommen, Kartenzahlung ist noch nicht sehr verbreitet. Man sollte sich Bargeld an Geldautomaten in einer der größeren Städte besorgen. Wechselkurs bei Redaktionsschluss (Dez. 2022): 1 Euro entspricht ca. 118,80 Lek.

ZOLL

Die Einfuhr von Währungen ab einem Wert von 1 000 000 Lek (ca. 8420 Euro) muss deklariert werden. Die Einfuhr von Drogen, Waffen und pornografischem Material ist verboten.

Waren zum persönlichen Gebrauch sind zollfrei. Für die Einfuhr von Kaffee, Alkohol und Tabak gelten gesonderte Regelungen (abrufbar unter www.dogana.gov.al). Kommerzielle Waren und Waren im Wert von über 300 Euro via Landweg und 430 Euro via Luft- und Seeweg müssen verzollt, beziehungsweise deklariert werden.

Register

A
Albania Rafting Group 174, 178
Anreise 184
Antoniuskloster, Laç 120
Apollonia 60–66, 79
   Archäologischer Park und Archäologisches Museum Apollonia 66
Ärztliche Versorgung 184

B
Bënje, Thermalquellen von 175, 178
Berat 5, 82–94
   Antipatrea Traditional Restaurant 93
   Bar Restorant Shqiponja 93
   Guest House Mikel 93
   Kathedrale Mariä Himmelfahrt 94
   Kathedrale Saint Demetrius 94
   Onufri-Museum 85, 94
   Stickerei Qendistari Berati 94
Burg Kaninë 137
Butrint 75–79
   Archäologischer Park und Museum 78

D
Dhërmi 126, 133–134
Diplomatische Vertretungen 184
Durrës 33, 67
   Amphitheater Durrës 71
   Archäologisches Museum 71
   Zogu-Villa 71

E
Einreise 184
Elbasan 95–99

Café und Hamam i Vjeter 96, 98

F
Frasheri, Naim 176, 177

G
Gjirokastra 80, 100–103
   Burg von Gjirokastra 103
Grunas-Schlucht 157

H
Handy 185
Hoxha, Enver 24–28, 33, 37, 42, 79, 124, 135, 157, 183

K
Kavaja 126–128
Kelycre 179
Kirche Kisha e Shën Athanasit, Karavasta 169
Kloster Manastiri i Ardenicës, Kolonjë 78
Koman-Stausee 149
Korça 43–57
   Auferstehungskathedrale 56
   Brauerei Birra Korça 52, 54
   Gedenkstätte Varrezat e Dëshmorëvë e Kombit 57
Mali i Moraves 57
MIK 44, 54
Mirahor-Moschee 56
Museum Gjon Mili 55
Nationales Bildungsmuseum 46, 54
Nationalmuseum für mittelalterliche Kunst 51, 54
Paläochristliche Kirche 50, 55

Ksamil 4, 104, 126, 134–135
Kukës 72–74, 140

L
Lengarica-Schlucht 173–176, 178
Leus-Kirche, Leusë 179
Lezha 157
Llogara-Pass 126, 131–133, 137

M
Maleshova, Sejfulla 176
Maligrad 46, 55
MIK – Internationales Musikfestival Korça 44, 54

N
Nationalpark Divjaka-Karavasta 160–169
Nationalpark Drenova 57
Nationalpark Hotova-Dangell 173, 178
Nationalpark Thethi 144
Nationalpark Valbonatal 140–145, 149
Notruf 185

O
Öffnungszeiten 185
Ohridsee 121–125
Osmanische Herrschaft 18, 47, 49, 70, 87, 102, 108, 131, 157, 182

P
Përmet 170–179
   Riesiger Stadtstein 171, 178
Petrela-Burg 35, 38
Pogradec 121–125
   Taverna Ndona 125
Post 185
Prespasee 46, 55

Bildnachweis

R
Rama, Edi 10–12, 20, 23, 27, 37, 99, 116, 183

S
Shiroka 113
Shkodra 106–120
  Burg Rozafa 119
  Café Gojë Gaditëse 109, 118
  Drini Times Water Sports & Birdwatching Center 113, 119
  Ethnographisches Hausmuseum 119
  Marubi National Museum of Photography 119
  Site of Witness and Memory 117, 118
Sigurimi 27–28, 40, 183
Skanderbeg, Gjergj Kastrioti 18, 25, 56, 79, 157
Skutarisee 106–120
Sprache 185
Straßenverkehr 187

T
Tepelene 179
Thethi 149, 150–157
  Blutracheturm 156
  Kirche Kisha në Theth 156
Tirana 5, 9–41, 39
  Auferstehungskathedrale 39
  Bunk'Art Museum 1 37
  Bunk'Art Museum 2 24–29, 37
  Dajti 10, 32, 36, 38
  Maja e Tujanit 36
  Et'hem-Bey-Moschee 37
  House of Leaves Museum 39
  Kalaja Toptani 5, 32, 33, 38
  Kunstinstallation »Reja – The Cloud« 39
  Objekt Shtylla 25–26
  Pazari I Ri 12, 23, 37
  The Block (Blloku, Bllok) 32–34, 38, 41
  Tirana Oper 17–22, 37
  Tulla Culture Center 39

U
Unterwegs in Albanien 186
Urlaubskasse 187

V
Valbona 140–149
  Hotel Margjeka 145–149
Vjosa, Fluss 61, 170, 171, 172, 173
Vlora 126, 128–131
  Andoni Hotel Restorant 136
  Ethnographisches Museum 137
  Moschee Muradie 136
  National Museum of Independence 136

W
Währung 187
Wanderweg »Peaks of Balkan« 156
Weingut & Restaurant Albanica, Fier 78

Z
Zipline Albania 35, 38
Zoll 187

Quellen

[1] www.deutschlandfunk.de/feriengaeste-statt-frauenhandel-100.html
[2] www.refworld.org/docid/5b3e0bc34.html
[3] www.unodc.org/res/wdr2022/MS/WDR22_Booklet_3.pdf
[4] www.dw.com/en/albania-protesters-demand-prime-minister-edi-ramas-resignation/a-43941193

Bildnachweis

Cover: Etleva Shemai in Dhërmi © Armand Habazaj, Genti Onuzi, **Shutterstock.com:** Jordan Feeg

Umschlagrückseite: Strand von Ksamil © Lutz Jäkel

Alle Fotos © **Lutz Jäkel**, außer: Onuzi, Genti 4, 31; **Shemai, Etleva** 45; **Rulfs, Charlie Arber** 76, 79, 175; **Shutterstock.com:** Aldo91 179, Aleksandar Todorovic 103, Andrii Marushchynets 151, d.stipek 159, Netdrimeny 158, 177, Nicolas ELIE 153, trabantos 94; **stock.adobe.com:** Anna ART 136, 137, Karl Allen Lugmayer 112, 115, samael334 134; **Willmann, Luisa:** 6, 7-1, 12, 14, 21, 23, 35, 40, 58, 59, 71, 72, 74, 88, 93, 96, 99, 105, 108, 127, 161, 165, 169, 180/181, 186, 192, Umschlag innen (Kap. 7)

Danke – faleminderit

Wir danken allen Menschen in Albanien, die ihre Geschichten mit uns teilten, für ihr Vertrauen, ihre Flexibilität, Zeit und Gastfreundschaft. Wir danken dem POLYGLOTT Team: Philip Laubach für sein Vertrauen und Glauben an das Projekt; Anne-Katrin Scheiter für ihre engagierte und motivierte redaktionelle Betreuung; Julia Hirner für ihre schnelle Hilfe bei der Fakten-Recherche und Susanne Meyerhöfer für ihr detailreiches Lektorat. Vielen Dank an Lutz Jäkel für die tollen Fotos! Außerdem danken wir Andreas Fünfgeld für seine großartige Unterstützung.

Ein besonderer Dank geht an unseren poetischen Fahrer Daut Lackaj, genannt David, und an Etlevas Sohn, Charlie Arber Rulfs, für seine Unterstützung sowie sein Verständnis, dass seine Sommerferien anders liefen als geplant.

Ein großer Dank an Etlevas Familie: ihre Mutter Flora, ihr Bruder Arben, ihre Schwägerin Lindita und ihre Nichten Romina, Fjori, Eni sowie Baftjar und Fatushe Shemaj – ihrem lieben Onkel und seiner Ehefrau.

Tausend Dank an Luisas Freunde und Familie, insbesondere Sophie Mai, Michael Obert und Friederike Oertel für ihr Feedback und ihre Erfahrungen sowie an ihre Mutter Cornelia Willmann für ihren tollen Support.

Lutz Jäkel dankt Alban, dem weltbesten Fahrer, und Bruno Ismaili für seine kompetente Führung.

Herzlichen Dank an das Tirana Opernhaus, das Glam House Tirana, Onex Beauty Salon, das Bildungsministerium, Inva Mula und das MIK Festival, Prof. Robert Radoja, Jusuf Beshiri, Maya Alickaj, Odeta Hoxha, den Museumsdirektor Alban Ramohita sowie den Anthropologen Prof. Dr. Aleksander Dhima für seine Ideen und Kontakte.

Danke – *faleminderit* **an alle Menschen, die zu unserem Buch beigetragen haben!**

IMPRESSUM

© 2023 GRÄFE UND UNZER
VERLAG GmbH,
Postfach 860366, 81630 München

POLYGLOTT

POLYGLOTT ist eine eingetragene Marke
der GRÄFE UND UNZER VERLAG GmbH

ISBN 978-3-8464-0930-5

1. Auflage 2023

Alle Rechte vorbehalten. Nachdruck,
auch auszugsweise, sowie Verbreitung
durch Film, Funk, Fernsehen und Internet,
durch fotomechanische Wiedergabe, Tonträger und Datenverarbeitungssysteme
jeglicher Art nur mit schriftlicher Genehmigung des Verlags.

Text: Luisa Willmann
Redaktion und Projektmanagement:
Anne-Katrin Scheiter
Lektorat: Susanne Meyerhöfer
Bildredaktion: Nora Goth
Satz: Mediendesign Anne Tegler
Kartografie: Gerald Konopik,
Mammendorf
Schlusskorrektur: Ulla Thomsen
Umschlaggestaltung und Layout:
Favoritbuero Gbr
Herstellung: Gloria Schlayer
Repro: Medienprinzen, München
Druck und Bindung: Livonia Print,
Lettland

Ein Unternehmen der
GANSKE VERLAGSGRUPPE

Wichtiger Hinweis
Schilderungen in diesem Buch basieren
auf subjektiven Erinnerungen. Die Dialoge
geben nicht wortwörtlich, sondern sinngemäß vergangene Gespräche wieder. Einige
Namen und die Merkmale einzelner Personen wurden zum Schutz ihrer Privatsphäre
geändert.
Die Daten und Fakten für dieses Werk wurden mit äußerster Sorgfalt recherchiert und
geprüft. Wir weisen jedoch darauf hin, dass
diese Angaben häufig Veränderungen unterworfen sind und inhaltliche Fehler oder
Auslassungen nicht völlig auszuschließen
sind. Für eventuelle Fehler oder Auslassungen können Gräfe und Unzer und die Autoren keinerlei Verpflichtung und Haftung
übernehmen.

**Ansprechpartner für den
Anzeigenverkauf:**
KV Kommunalverlag GmbH & Co. KG,
MediaCenter München, Tel. 089/928 09 60

**Bei Interesse an maßgeschneiderten
B2B-Produkten:**
b2b-kontakt@graefe-und-unzer.de

Leserservice
GRÄFE UND UNZER Verlag
Grillparzerstraße 12, 81675 München
www.graefe-und-unzer.de

Umwelthinweis
Nachhaltigkeit ist uns sehr wichtig. Der
Rohstoff Papier ist in der Buchproduktion
hierfür von entscheidender Bedeutung.
Daher ist dieses Buch auf PEFC-zertifiziertem Papier gedruckt. PEFC garantiert,
dass ökologische, soziale und ökonomische
Aspekte in der Verarbeitungskette unabhängig überwacht werden und lückenlos
nachvollziehbar sind.

Mein Lieblingsrezept: Fleisch-Kartoffel-Frikadellen

Wer sich kulinarisch auf Albanien einstimmen möchte, dem verrate ich hier eines meiner Lieblingsrezepte: Frikadellen aus einer Hackfleisch-Kartoffel-Mischung – auf Albanisch *Qofte*.

Zutaten für 4–5 Personen
- 700 g gemischtes Hackfleisch
- 1,5 kg Kartoffeln
- 6 kleine Zwiebeln
- 3 Knoblauchzehen
- 4 Eier
- 50 g gemahlene Mandeln
- 6 Walnüsse, fein gemahlen
- Saft einer Zitrone
- 1 TL Natron oder Soda
- 1 gestrichener EL Salz
- 1 TL gemahlener schwarzer Pfeffer
- etwas Mandelmilch, falls nötig
- 2–3 EL Mehl, falls nötig

Zubereitung

Die Kartoffeln schälen, weichkochen und anschließend mit einer Gabel zerdrücken. Die 700 g Fleisch in einer anderen Schüssel mit klein geschnittenen Zwiebeln sowie klein gehacktem Knoblauch, Eiern, gemahlenen Mandeln und Walnüssen vermengen. Kartoffeln, Salz, Zitronensaft und Natron oder Soda dazugeben und, falls weitere Flüssigkeit notwendig ist, etwas Mandelmilch in die Mischung gießen. Falls die Masse zu flüssig ist, evtl. 2–3 EL Mehl hinzufügen. Mit Pfeffer und Salz würzen.
Anschließend kleine Frikadellen formen und in einer Pfanne in Olivenöl hellbraun anbraten. Alternativ können sie auch bei 190 °C (Umluft) 40 Minuten gebacken werden, das benötigt weniger Fett.
Als Beilage empfehle ich gebackenes Gemüse aus dem Ofen und Zaziki.
Für eine vegetarische Variante: Anstelle von Fleisch können Sie auch klein geschnittene Champignons (700 g) verwenden oder Blumenkohl, der weichgekocht und zermatscht wird.

Ju bëftë mirë! – Guten Appetit!